Sandra Richter

Lob des Optimismus

Geschichte einer Lebenskunst

Verlag C.H. Beck

Originalausgabe

© Verlag C. H. Beck oHG, München 2009
Gesamtherstellung: Druckerei C. H. Beck, Nördlingen
Umschlagentwurf: malsyteufel, Willich
Umschlagabbildung: René Magritte, Les vacances de Hegel, 1958, Genf,
Galerie Couleurs du Temps, © BI, ADAGP, Paris/Scala, Florenz
Printed in Germany
ISBN 978 3 406 59114 3

www.beck.de

Inhalt

I. Einleitung:
Es geht uns gut. Optimismus aus Verantwortung

Wider die wohlfeile Optimismus-Kritik

Die Welt scheint kurz vor dem Abgrund zu stehen. Von einer Jahrhundertkrise ist die Rede. Angesichts dieser riskanten Situation gilt der Optimismus als naiv, gefährlich, als so verführerische wie ambivalente Macht, die auf das Machbare setzt und die Menschheit damit in die Tiefe stürzen könnte. Optimismus, der Glaube an das Gute im Menschen, die beste aller Welten, an den Fortschritt – all das erscheint als Teufelszeug. Aus dem maximal Guten ist das maximal Böse geworden.

Diese Einschätzung ist überzogen, aber nicht unbegründet. Während Pessimisten und Skeptiker ihre düsteren oder verhaltenen Prognosen durch unerfreuliche Ereignisse bestätigt sehen, wie sie täglich über die Bildschirme flimmern, können Optimisten nur auf den gelingenden Alltag und auf wenige positive Ereignisse verweisen. Sie nehmen einen hohen Kredit auf eine Zukunft auf, die hoffentlich besser aussehen wird als die Gegenwart.

Systematisch betrachtet handelt es sich bei diesem Optimismus um eine Weltanschauung. Für sie kann es gute, aber keine zwingenden Gründe geben. Wie andere Weltanschauungen ist der Optimismus nicht apriorisch und weniger de-

skriptiv als normativ. Doch anders als andere Weltanschauungen, der Pessimismus und der Skeptizismus beispielsweise, lädt sich der Optimismus eine erhebliche Beweislast
auf: Mit seiner prinzipiell bejahenden, vertrauensvollen Welt-
sicht macht er sich angreifbar. Verächter, Kritiker und Gegner
des Optimismus können ihn deshalb leicht widerlegen. Sie
begleiten ihn wie ein zweites Ich. Mühelos begeben sie sich
in die Rolle des abgeklärten Beobachters, der schärfer sieht,
realistischer analysiert, recht behält, wenn etwas schief-
geht.

Wie also kann der Optimismus so definiert werden, dass er
seinen weltanschaulichen Kreditrahmen nicht überzieht und
die Einwände seiner Kritiker entkräftet? Nach Jahrhunderten
der Optimismus-Kritik sieht es für eine Neubestimmung des
Optimismus gut aus: Immerhin lässt sich nun abschätzen,
was inakzeptabel ist. Zu hoch darf der Kredit nicht sein, den
der Optimismus beansprucht. Zu abstrakt darf der Optimismus
nicht werden, und metaphysische Annahmen sollte er ganz aufgeben. Positiv gewendet: Der Optimismus muss seine Kritik
mitbedenken, reflexiv werden, sich selbst auf die Probe stellen,
um sich noch als glaubwürdige Weltanschauung empfehlen zu
können. Dabei wird er gut daran tun, sich durch die Wirklichkeit abzusichern, die eigene Kreditfähigkeit immer wieder zu
prüfen.

Gerade diese Wirklichkeit aber legt drei gute Gründe für
Optimismus nahe. Wenn wir nur etwa 300 Jahre in die Geschichte zurückblicken, dann stellen wir fest, dass sich das Ni-
veau der Zivilisation erheblich gehoben hat: Religiöse Toleranz, allgemeine Schulpflicht, Chancen zu sozialem Aufstieg
und vieles mehr – all das ist uns zur Selbstverständlichkeit geworden, um die wir nicht mehr kämpfen müssen. Es geht uns

gut, jedenfalls aber besser. Wir haben nicht nur Grund zum Optimismus, sondern sollten uns sogar dazu verpflichten – aus Verantwortung für uns selbst und für all diejenigen, denen es weniger gut geht. Denn wer den Ton der Klage anstimmt, wo es ihm doch gut geht, beweist nur seine prinzipielle Unzufriedenheit, den mangelnden Mut, etwas zu ändern, oder seinen Geiz. Er handelt unethisch.

Für den Optimismus spricht demgegenüber zweitens, dass er positiv motiviert, Menschen emotional und kognitiv mehr abverlangt, sie mehr fordert als pessimistische oder skeptische Einstellungen des «Ich hab's ja immer schon gewusst» oder des «Vielleicht – vielleicht auch nicht». Optimismus strengt an, und er gelingt nicht immer. Selbst den entschlossensten Optimisten verlässt manchmal der Mut. Gerade in Krisenzeiten sind Optimisten besonders gefordert, denn die Welt ist dynamisch, nicht stabil, ein komplexes, kein einfaches System, ein System, das auf Unsicherheit und Unwissen beruht. Erwartungen von vollständiger Planbarkeit, linearem Fortschritt, schnellem und grenzenlosem Wohlstand erweisen sich als überzogen. Es zählt zu den Aufgaben des Optimisten, zu hohe Erwartungen zu dämpfen, Wege aus der Krise zu finden und aus Krisen zu lernen. Denn Krisen erlauben, eingefahrene Handlungs- und Denkmuster zu prüfen, zu verwerfen, neue Lösungsstrategien zu erproben.

Dafür kann der Optimismus drittens schlummernde geistige und körperliche Ressourcen wecken, und er geht zugleich sparsam mit ihnen um. Er lehrt, Gegebenes wertzuschätzen und zum Besten zu entwickeln. Auf diese Weise wirkt er effizient, nachhaltig, stabilisiert das mentale Ökosystem. Es hilft tatsächlich, vom berühmten halbvollen statt vom halbleeren Glas zu sprechen. Eine Alltagsweisheit wie diese prägt, gibt Vertrauen, schafft überhaupt erst die Basis für erfolgversprechendes Handeln.[1]

Dieser dreifach gerechtfertigte Optimismus kann kein Optimismus der guten Laune, kein triumphierender oder kompensierender Optimismus sein – im Gegenteil: Es ist ein verantwortungsvoller Optimismus aus der Wahrnehmung einer Welt, die der Ideen und Ideale bedarf, um Herausforderungen der Gegenwart und Zukunft zu beschreiben und zu meistern.

Aus diesen Herausforderungen ließen sich ungezählte weitere Gründe für den Optimismus gewinnen: Die Umwelt beispielsweise liefert offensichtliche Argumente für optimistisches Denken und Handeln. An ihrem Beispiel zeigt sich, dass der Optimismus gerade nicht mit blindem Fortschrittsglauben identisch sein muss – im Gegenteil. Wenn jeder Bewohner dieses Planeten sich in ökologischem Pessimismus übt, dann schaffen wir es nie, die Umweltverschmutzung zurückzudämmen. Der ökologische Pessimist meint nämlich, dass es nichts nützt, wenn er Strom spart, weniger Auto fährt und den eigenen Müll reduziert. Wenn dies alle denken, dann geht unsere Erde dem sicheren Kollaps entgegen. Ökologische Optimisten hingegen nehmen an, dass andere Menschen im Interesse der Umwelt ebenfalls Strom sparen, weniger Auto fahren und ihren Müll reduzieren. Entsprechend werden ökologische Optimisten ihr Konsumverhalten ändern und es sinnvoller finden, auf Konsum zu verzichten oder alte Gebrauchsgüter zu recyceln als neue zu erwerben.

Doch will ich nicht jedes soziale und politische Feld mit Optimismen beglücken, der grotesken Nivellierung des Optimismus zur kleinen Münze der Allerweltsideologien das Wort reden und mit abstrakten Empfehlungen langweilen. Auch geht es mir nicht um eine Art Lehnstuhl-Optimismus: um Menschen, die sich selbstbestätigend auf die Schulter klopfen, gleich was sie tun. Mir geht es um eine Einstellung, die auf optimistischen Werturteilen gründet und diese verantwortungsvoll in unterschiedlichen Handlungsfeldern umsetzt.

Die Erfindung des Optimismus im 18. Jahrhundert und ihre Folgen

Schon lange vor der gegenwärtigen Krise war der Optimismus hochumstritten. Die Streitpunkte, Argumente und Gegenargumente muss kennen, wer heute einen haltbaren Optimismus vertreten und leben will, der nicht im nächsten Moment schon wie ein Kartenhaus zusammenzuklappen droht. Daher besichtigt dieses Buch die wichtigsten Episoden in der Geschichte des Optimismus und zeigt, wie dieser wurde, was er heute ist oder sein kann. Es konzentriert sich auf die wichtigsten Konflikte über den Optimismus und füllt damit auch eine Lücke: Denn eine Geschichte des Optimismus gibt es nicht. Überhaupt gilt der Optimismus als intellektuell unseriös.[2] Die Wissenschaft neigte in den vergangenen 40 Jahren, sieht man von der Leibniz-Exegese ab, vor allem dem Skeptizismus, dem Nihilismus, der Erinnerungs- und Trauerarbeit zu. «Melancholie-Projekte, chic», notiert die Lyrik über diesen Trend schon lakonisch.[3] Ohne diese Leistungen der Wissenschaft unter Wert zu schätzen – sie ließ das Feld positiven Denkens und Schreibens unbestellt und gab es für populistische Spekulationen frei.

In der Folge dominierten Optimismus-Klischees die Szene. Man denke etwa an den Film *Der Optimist* (1938, mit Theo Lingen und Henny Porten), der von einem lebensfrohen Möchtegern-Ölbaron erzählt. Aus dem Optimismus ist ein beliebtes

Konversationsthema geworden,[4] eine Art Glaubensfrage, die weder eine Geschichte noch eine Systematik kennt. Doch führen gerade solche Glaubensdebatten den Begriff des Optimismus ad absurdum. Laurence Shorters amüsante Story *Der Optimist* (2009) belegt es wider Willen: Shorters Optimist sucht Beweise für den Optimismus, ohne zu wissen, woher der Begriff kommt und was er meint. Das Projekt stürzt erwartungsgemäß ab. Es endet mit der hilflosen Feststellung, dass weder Optimismus noch Pessimismus zu überzeugen vermögen.[5]

Dieses Buch muss also gegen Klischees und Vorurteile anschreiben: Jeder glaubt zu wissen, was Optimismus sei – und gerät doch leicht ins Stammeln, wenn er erklären soll, was genau damit gemeint ist. Deshalb mustert dieses Buch, was Denker und Dichter unter Optimismus verstanden und verstehen. Dabei wird sich zeigen, dass jede Episode des Optimismus andere Gründe für ihn ins Feld geführt hat: den Glauben an die Harmonie des Kosmos, den Monotheismus, das Vertrauen auf die guten Eigenschaften des Menschen oder auf hehre gesellschaftliche Ziele. Optimismus ist also nicht gleich Optimismus. Der Optimismus erscheint vielmehr als eine Art Proteus. Wie der antike Seegott nahm er ganz verschiedene Gestalten an.

Die Vorgeschichte der hier zu erzählenden Geschichte des Optimismus gibt einen Einblick in diese Vielgestaltigkeit: Im 6. Jahrhundert v. Chr. glaubten Pythagoras und die Pythagoreer an eine harmonische, optimale Einheit des Kosmos. Sie sollte auf idealen Zahlenverhältnissen, auf Maß und Ordnung beruhen.[6] Alle Wesen galten in dieser Ordnung als miteinander verwandt. Zu den obersten Handlungsmaximen zählte der Versuch, Einklang mit anderen Wesen anzustreben, um die kosmische Harmonie nicht zu gefährden. Noch um 300 v. Chr. vertraute die Stoa auf ein derart allgegenwärtiges göttliches

Prinzip. Sie zielte mit ihren ethischen Lehren aber vor allem auf die Glückseligkeit des Einzelnen und eine stabile bürgerliche, disziplinierte Gesellschaftsordnung. Diese wurde zwar nicht als schlechthin optimal, aber als beste denkbare Lösung für den Einzelnen und das Kollektiv betrachtet.[7]

Doch lassen sich schon für die Antike pessimistische Gegengeschichten erzählen: Das sogenannte Harfnerlied, überliefert aus Ägypten (2. Jahrtausend v. Chr.), klagte über die Ungerechtigkeit des Schicksals, die Nichtigkeit des irdischen Lebens im Angesicht des allgegenwärtigen Todes. Der griechischen Kultur schreibt man seit Jacob Burckhardt gern pauschal einen pessimistischen Ton zu.[8] Ihr entstammt Kassandra, die *grande dame* des Pessimismus, die vor dem Trojanischen Pferd warnte und den Tod des Agamemnon vorhersah, doch niemand glaubte ihr. Homer besang das Werden und Vergehen des Menschen (*Ilias*, IV, 146–149), und auch die Helden der antiken Tragödie stürzen sich weniger aus Optimismus als im Namen der Ehre in den Kampf. Seit Platon (*Phaidon*, 67 c–e) beschäftigt darüber hinaus eine düstere Einsicht die Denker: dass der Leib die Seele gefangenhält. Der wahre Philosoph orientiert sich daher auf den Tod hin – den Moment, der die Seele aus ihrem Gefängnis befreit. Diese Einsicht wurde durch die dualistischen Philosophen und Propheten der Spätantike noch verschärft: Sie betrachteten die ganze Welt als Gefängnis, beschworen die Dämonen, glaubten, dass nur wenige «Erwählte» aus dem irdischen Jammertal gerettet werden.

Auf ähnliche Schreckensszenarien von einer grundsätzlich verderbten Welt reagierten die drei großen Religionen. Das Alte Testament rückte die Erzählung vom verlorenen Paradies, der verlorenen rein guten Welt, ins Zentrum des Judentums, des Christentums und – vermittelt durch den Koran – auch des

Islam. Wer über das Gute oder Beste sprechen wollte, musste immer auch das Böse berücksichtigen. Und Schuld daran war der Apfel, der Fall Adams und Evas. Im Christentum entstand eine folgenreiche Theologie und Anthropologie der Sünde, wie sie die anderen Religionen nicht kennen und deren Erfinder der Apostel Paulus war. Er legte die Grundlage für die Lehre von der Erbsünde, wonach Adams Fall alle seine Nachkommen und damit die ganze Menschheit zur Sünde verdammte. Charakteristisch für diese ‹pessimistische› Lehre ist aber, dass sie ihr ‹optimistisches› Gegenstück mitenthält. Denn Paulus verbindet den alten mit dem neuen Adam: mit Jesus Christus. Durch den alten Adam kamen Sünde und Tod in die Welt, der neue, Jesus Christus, vergab sie: Alle Menschen sind durch ihn, durch seinen Kreuzestod gerechtfertigt (Römer, 5,18; 1. Korinther 15,22). Sie dürfen auf die Herrlichkeit hoffen, die ihnen offenbart werden wird (Römer 8,18). Im Ergebnis verknüpften Paulus und seine Anhänger Ursünde, Hoffnung und den Glauben an das Heil so eng miteinander, dass sie sich kaum je wieder voneinander trennen ließen.

Diese Verkettung sorgte für eine besondere Dynamik der westlich-christlichen Auseinandersetzungen über den Menschen und sein Verhältnis zu Gut und Böse. Wer, wie der britische Mönch Pelagius (gest. nach 418), die Lehre von der Erbsünde verwarf, wurde vom Kirchenvater Augustinus (ebenso wie später von den Reformatoren) bekämpft und durch das Konzil von Ephesus (431) verdammt. Wer, wie Luther, der Auffassung war, dass gute Werke, Ablass und Beichte den Christen nicht von der Sünde, dem Bösen erlösen, konnte sich der Verfolgung durch die katholische Kirche gewiss sein. Wer, wie Calvin, von einer kleinen Gruppe der durch Gott zum Heil Erwählten ausging, vertrat eine harte Lehre – eine

Lehre, die den Gläubigen mit seiner Hoffnung auf Gnade allein ließ.

Doch mit der in der Neuzeit zunehmenden Konkurrenz von Religion und Philosophie veränderte sich die Problemlage, und mit dieser neuen Lage beginnt die Geschichte des Optimismus, die dieses Buch erzählt. Um 1700 hieß die alles bestimmende Frage: Wieso lässt Gott das Übel in der Welt zu, wenn er doch allweise und allgütig ist? Aus dem Versuch, diese Frage zu beantworten, wird im 18. Jahrhundert der Optimismus geboren. Gottfried Wilhelm Leibniz, der weitgereiste umtriebige Philosoph und Bibliothekar aus Hannover, gilt als sein erster Vertreter. Doch ging es ihm in seinen *Versuchen über die Theodizee* (1710) vielmehr um die Versöhnung von Vernunft und Offenbarungsglauben. Leibniz verfolgte ein so faszinierendes wie schwieriges Projekt. Er wollte zeigen, dass diese Welt die beste aller möglichen ist, um Gottes Allmacht, Allgüte und Allweisheit zu retten.

Mit diesem Vorhaben gab Leibniz seinen Feinden, den französischen Jesuiten, das Stichwort vor: Der deutsche Philosoph glaube merkwürdigerweise an eine beste Welt; «optimus mundus», «meilleur monde», notierten die Jesuiten kritisch. Im Jahr 1737 lancierten sie in ihrem Zentralorgan, den *Mémoires de Trévoux*, einen Angriff auf diesen «Irrglauben» – und erfanden den Begriff des Optimismus.[9] Er erscheint als böser Dämon der Systemphilosophie, denn er soll den weltanschaulichen Gegner in Verruf bringen: Der Verblendete, so der Vorwurf, hänge einem verwerflichen Glauben an. Dieser sei weder theologisch akzeptabel noch wissenschaftlich begründet. Was aber genau mit diesem -ismus gemeint ist, bleibt vage. 22 Jahre später, im Jahr 1759, gebar der *Observateur littéraire* sein Gegenstück: den Pessimismus.

Der Optimismus entstand also als Begriff überhaupt erst aus der Polemik und war damit zum Abschuss freigegeben. Seit den späten 1750er Jahren diente er als plakatives Feindbild: als naive, zynische Ideologie. Der Grund dafür war ein in jeder Hinsicht folgenreiches Erdbeben, das Erdbeben von Lissabon im Jahr 1755. Es forderte zwischen 30 000 und 100 000 Todesopfer und zählt zu den größten Naturkatastrophen der europäischen Geschichte. Im Blick auf dieses unermessliche Leid klagte die Menschheit Gott an. Der Glaube an die beste aller Welten schien nur mehr zynisch, als geistiges Himmelfahrtskommando eines fehlgeleiteten Systemphilosophen. Voltaire ernannte sich zum Chefankläger gegen einen selbstgebastelten optimistischen Popanz – und sich selbst. Denn in seiner philosophischen Jugend hatte auch er dem Optimismus angehangen. Seit Lissabon bereute er jedoch diesen jugendlichen Fehltritt. Zur Entschuldung verfasste er einen Roman, eine Polemik in literarischer Form: *Candide oder über den Optimismus* (1759).

In biographischer Form handelt er über das Schicksal eines jungen Edelmannes. Candide, der «Arglose», «Treuherzige», begeht den Fehler des jungen Voltaire: Er glaubt seinem optimistischen Lehrer, der Leibniz nur scheinbar zum Verwechseln ähnlich ist. Candide aber erlebt seine Welt nicht als beste, sondern als schlechteste aller möglichen. Er kämpft um sein Leben – und deutet erst ganz am Schluss des Textes eine Lösung des Optimismusproblems an.

In der Folge wanderte der Optimismus als Zerrbild in Philosophie und Literatur ein, vor allem in biographische Romane, weil sich das Gute und das Böse in der Welt besonders anschaulich in fiktionalen Erfahrungswelten behandeln ließen. Auch ein Typus wie der des weltfremden Schwärmers, der die Romane bevölkerte, geht auf diese anti-optimistische Episode des 18. Jahrhunderts zurück.

Doch zugleich experimentierte die Anthropologie mit optimistischen Gegenentwürfen: Die schottische Philosophie beispielsweise fahndete nach dem «moralischen Sinn» des Menschen, nach seiner Fähigkeit, mit anderen zu fühlen, und hoffte auf eine «unsichtbare Hand», welche die menschliche Interaktion auf wundersame Weise zum Wohl aller steuert. Im 19. Jahrhundert gibt es schließlich kein Halten mehr: Der Optimismus ist überall – in Essays, philosophischen Abhandlungen, naturwissenschaftlicher Fachprosa, politischen Pamphleten. Der Pessimismus folgt ihm auf dem Fuß: Zählten Aphorismen und kulturkritische Essays einmal zu seinen bevorzugten Gattungen, findet er sich bald ebenfalls in jeder Text- und Darbietungsform. Die Varianten des Optimismus wie des Pessimismus sind unüberschaubar – und sie überlagern sich. Selbst dem Pessimismus Arthur Schopenhauers lässt sich eine positive Seite abgewinnen: Denn er befreite sich und seine Anhänger von den starken metaphysischen Voraussetzungen des Optimismus.[10]

Doch den meisten Zeitgenossen des 19. Jahrhunderts passte diese Emanzipation gar nicht. Bis in die 1880er Jahre hinein wurde Schopenhauer dafür abgestraft. Noch der berühmte Heidelberger Staatslehrer Georg Jellinek spekulierte in seiner philosophischen Dissertation aus dem Jahr 1872 munter darüber, dass eine ausgeglichene Persönlichkeit wie diejenige von Leibniz notwendig den Optimismus und eine psychisch zerrissene wie Schopenhauer notwendig den Pessimismus befürworten müsse.[11] Jellineks Urteil ist symptomatisch für eine Zeit, die im Pessimismus eine kulturhemmende Energie am Werk sah.

Seine Zeitgenossen bekannten sich dementsprechend zur Geschichtsphilosophie Hegels, in der sie einen zukunftswei-

senden Optimismus vermuteten. Die Geschichtsphilosophie
ersetzt Gott durch die Vernunft und bürdet ihr die Verantwortung für das Übel in der Welt auf. Hegels Idee, dass sich die
Vernunft im Gang der Geschichte selbst realisiere, wirkt aber
heute nur mehr grotesk. Sie wird – wie ein ganzes Bündel von
wissenschaftlichen und weltanschaulichen Überzeugungen des
19. Jahrhunderts – unter dem Stichwort des Fortschrittsoptimismus attackiert. Tatsächlich hat ein solcher naiver Fortschrittsoptimismus, wie ihn die Polemik zeichnet, heute ausgespielt.

Aber der Anti-Optimismus arbeitet in diesem wie in vielen
anderen Fällen mit einer polemischen Fiktion: Die häufig so genannten Fortschrittsoptimisten waren zumeist keine. Jedenfalls
wird sich dieses Buch gegen die verbreitete Ansicht wenden,
dass Marx und Darwin fortschrittsoptimistisch argumentiert
hätten. Im einen Fall werden Ideologien und Erlösungsphantasien unter dem Stichwort ‹Optimismus› verrechnet, im anderen überträgt die Nachwelt ihre Vorstellungen auf kontroverse,
missliebige Erkenntnisse eines skrupulösen Naturforschers.

Demgegenüber findet sich ein entschlossener Optimismus in
der Lebensphilosophie, in der Weltanschauungsliteratur und
der von ihr inspirierten Lyrik des 19. und beginnenden 20. Jahrhunderts:[12] Die amerikanischen Schriftsteller Ralph Waldo
Emerson und Walt Whitman ebenso wie der französische Le-
bensphilosoph Henri Bergson bekennen sich zu romantischen
und vitalistischen Varianten des Optimismus. Unter den deutschen Lyrikern folgt ihnen der späte Rilke prominent und
schwärmerisch nach. Doch ist es bei Rilke nicht immer leicht
zu sagen, ob der Optimismus oder der Pessimismus oder überhaupt irgendein -ismus obsiegt. Rilke gebraucht Metaphern,
Assoziationen und eröffnet damit ein erhebliches Deutungs-
spektrum, das in beide weltanschauliche Richtungen weist.

Auf diese Phase der weltanschaulichen Unbefangenheit aber folgte der Absturz in die ideologische Gefahrenzone des Nationalsozialismus. Pessimismus und Optimismus wurden politisch funktionalisiert – sowohl von den Nationalsozialisten als auch von ihren Gegnern. Die Gräueltaten im Namen der Ideologie rufen in der dramatisch zugespitzten Situation der 1940er Jahre folgenreiche Generalkritiken des Optimismus und des Pessimismus auf den Plan: Diese Generalkritiken betreffen den blinden Fortschrittsoptimismus ebenso wie ein Menschenbild, das allzu einlinig auf Vernunft und Verstand ausgerichtet ist.[13] Sie wirken bis heute nach. Durch solche Kritik wurde der Optimismus auf die Knochen eines intellektuellen Sensenmannes reduziert. Wo er herrsche, drohe intellektueller Pesthauch, in der Endlosschleife der Optimierung.

Neubegründung des Optimismus

Die Generalkritiken sind jedoch aus ihrer historischen Situation heraus zu verstehen und auf ihre aktuelle Tragfähigkeit hin zu prüfen. Ziel dieses Buches ist es, einen wohlverstandenen, verantwortungsvollen Optimismus gegen überzogene Polemiken zu verteidigen und dabei zugleich auf die gegenseitigen Überlagerungen von Optimismus, Skeptizismus und Pessimismus hinzuweisen. Nicht Kulturkritik ist das Ziel, sondern die Neubegründung der optimistischen Lebenskunst. Zu diesem Zweck will das Buch, vor dem Hintergrund der Geschichte des Optimismus und seiner Kritik, einerseits eine Neudefinition, andererseits eine Umwertung der optimistischen Werte vornehmen. Es soll zeigen, wie man von einem Fortschritt sprechen kann, der die Grenzen von Wachstum und Wohlstand berücksichtigt und also nachhaltig ist. Auch will es wissen, wie ein komplexes optimistisches Menschenbild gedacht werden kann, das Vernunft, Verstand und Gefühl, Denken und Handeln, widerstreitende Interessen und Leidenschaften vereint. Es will damit bewusst das Erbe der Aufklärung und des Idealismus in Auseinandersetzung mit ihren Kritikern wiederbeleben.

Auf eine ähnlich positive Sicht des Optimismus läuft die *Anleitung zum Zukunfts-Optimismus* zu, die Matthias Horx vor zwei Jahren veröffentlicht hat.[14] Horx denunziert die Katastrophenszenarien der Gegenwart – beispielsweise die auseinandergehende Schere zwischen Arm und Reich, den Werteverfall, die demographische Katastrophe – zum einen als Ergebnisse einer medialen Lügenmaschinerie. Für Publizisten sei es eben bequemer und erfolgversprechender, über Horrorszenarien als über den ruhigen Fluss des Alltags zu berichten. Den pessimistischen Alarmismus betrachtet Horx zum anderen als Folge von (selbst-)zerstörerischen Einstellungen: zu hohen Erwartungen an die Außenwelt, Angst und Depression, Hass auf die Mitmenschen. Als ehemaliger Angehöriger der Delinquentengruppe muss der Autor es wissen; Horx war früher einmal Redakteur bei *Tempo* und *DIE ZEIT* gewesen.

Gegen die Lust an der Selbstzerstörung setzt er die mentale Kraft des Optimismus. Horx gibt dem Leser sogar eine Anleitung zur optimistischen Lebenspraxis an die Hand. Diese Anleitung erfüllt zwei Zwecke: Erstens soll sie helfen, die medial vermittelten Szenarien der Apokalypse zu durchschauen. Zweitens will sie Verständnis für die eigene soziale Umgebung wecken – für eine Umgebung, die trotzdem funktioniert, die erstaunlich robust ist und noch verlässlicher werden kann, entwickelt man sie bewusst und optimistisch weiter. Dieser «Zukunfts-Optimismus» ist erfrischend experimentell und ehrlich. Zu seinen Problemen zählt nur, dass er selbst von der medialen Sensation lebt, die er durch sein Schwarz-Weiß-Bild ‹pessimistischer Horrorjournalismus gegen optimistische Zukunfts-Ehrlichkeit› provozieren will. Hinzu kommt eine entschlossene Geschichtsvergessenheit. Horx betrachtet die legitimen Gegner des Optimismus nicht, sondern deckt sie mit dem Etikett einer horrorfixierten Unterhaltungsindustrie ab. So bleibt sein Optimismus ein bloßes projektionsoffenes Gegenstück zum massenmedialen Pessimismus. Zwar wirkt der Horxsche «Zukunfts-Optimismus» damit sympathisch, aber es bleibt ein gewisses Misstrauen: Ist das optimistische Rezept zur Mediendenunziation nicht doch zu einfach? Und trägt es für ein ganzes optimistisches Leben? Reicht es aus, um individuelle Sorgen, Bedenken, Probleme vertrauens- und verantwortungsvoll zu lösen?

Wenn wir auf diese Fragen verlässliche Antworten finden wollen, müssen wir uns tatsächlich mit den Verächtern des Optimismus auseinandersetzen. Dazu zählen nicht nur die Pessimisten, sondern auch die Skeptiker: Der typische Pessimist behauptet: Der Mensch ist schlecht und folgt nur seinen eigenen Interessen. Weil es der menschlichen Natur widerspricht, erweist sich das optimistische Projekt als verlorene Liebesmühe. Der typische Skeptiker hingegen meint: Gute Absichten bringen selten Gutes hervor. Weder kann diese Welt als beste aller möglichen gelten noch vermögen Gott und die Menschen Leid zu verhindern oder dieses Leid zu rechtfertigen. Diese Argumente speisen sich – wie diejenigen für den Optimismus – aus Weltanschauungen, die mit Normen aufgeladen sind. Wie der Optimismus ergeben sich Pessimismus und Skeptizismus nicht aus logischen Schlussfolgerungen; beide Anschauungen werden erst aus der Erfahrung geboren. Sie haben aber ihre Traditionen, die – wie mit Blick auf Kassandra angedeutet – bis in die Frühgeschichte der Menschheit zurückreichen. Schon diese Traditionslastigkeit zeigt, dass pessimistische und skeptische Argumente nicht ganz unberechtigt sein können: Offensichtlich erfüllen sie bestimmte Erklärungs- und Deutungsleistungen – sei es für Kollektive oder für Individuen. Beispielsweise helfen sie, Schicksalsschläge wie Fluten und Stürme zu verarbeiten, die zahlreiche Menschenleben fordern: Ist der Mensch schlecht und zürnen ihm höhere Mächte deswegen, so wird er zu Recht gestraft. Das Übel ist gerecht und erklärt sich auf diese Weise. Auch die Argumente gegen den Optimismus haben also eine bestimmte Funktion.

Was aber taugen sie sachlich? Der Pessimist lädt sich allerlei grundsätzliche Probleme auf. Er schreibt dem Menschen Schuld zu, obwohl doch jeder Student des Strafrechts weiß, dass der Angeklagte als unschuldig gelten muss, bis das Gegenteil bewiesen ist: «In dubio pro reo» («Im Zweifel für den Angeklagten») lautet das Prinzip in seiner prägnanten Formulierung durch einen Mailänder Rechtsgelehrten des 16. Jahrhunderts. Der Pessimist aber meint, seine Beweise im täglichen Leben zu finden. Zu seinen bevorzugten Anschauungsbereichen zählt die Politik: Ist es nicht so, dass hier jeder mit allen Mitteln nach Macht strebt, heißt seine Evidenzbehauptung. Denn um was sonst ginge es in der Politik als um Macht, Gier, Schuld, Überwachen und Strafen.

Der Skeptiker hingegen kann für sein Argument eine gewisse weltanschauliche Neutralität beanspruchen. Er wartet ab, was die Geschichte bringt, vertraut weder auf gute Absichten, noch geht er davon aus, dass der Mensch grundsätzlich schlecht ist. Auch mutet er sich kein Pauschalurteil über die Welt und ihr

Regiment zu: Es mag gut oder schlecht auf Erden zugehen; man weiß es immer erst hinterher. Und selbst dann kann man die Ereignisse so oder auch anders auslegen. Sicher ist nur eines: Der Glaube an eine höhere Macht, die sich immer systematisch und rational für das Beste entscheidet und die Geschicke des Menschen in diesem Sinne lenkt, trägt angesichts des Leides in der Welt nicht.

Dies ist eine Position, deren Geltungsanspruch sich nicht ohne weiteres bestreiten lässt. Auf den ersten Blick klingt sie möglicherweise sogar wissenschaftlicher und überzeugender als diejenige des Optimisten. Aber auch die Position des Skeptikers ist nicht beweisbar, weder logisch noch empirisch: Das Leiden ist nicht per definitionem unverstehbar, unerklärbar, radikal böse.[15] Der Skeptiker hat also nicht recht, wenn er den Optimisten angreift. Sein Angriff ruht vielmehr auf einer Anklage: der Klage, der Optimist sei kaltherzig gegenüber dem Leid. Der Beweis dafür fehlt.

Auch zielt gerade die skeptische Position auf Affektfreiheit, ‹Kaltherzigkeit›: Sie führt zum Abwägen aller Gründe und Gegengründe, möglicherweise auch zu Tatenlosigkeit oder sogar zu Interesselosigkeit. Die Welt wird im skeptischen Abwägungsprozess, denkt man ihn zu Ende, immer komplexer, so komplex, dass sich ein Sachverhalt, ein Ereignis, eine Gemütslage kaum erfassen, geschweige denn beurteilen lässt. In der antiken Skepsis hieß dieser Zustand Ataraxie. Damit war eine Seelenruhe gemeint, die psychisch wie physisch aus dem Ausgleich der Affekte, aus Parteilosigkeit, Interesselosigkeit erwuchs.

Die Geschichte des Optimismus ist also nicht nur eine Geschichte auch des Anti-Optimismus, sondern zudem die Geschichte seiner Selbstrechtfertigung: seiner Verteidigung vor allem gegen den klugen skeptischen Gegner. Der Streitwert ist hoch, gerade in Krisenzeiten wie diesen, in Zeiten, die angesichts einer ungewissen Zukunft um ihre mentale und materielle Orientierung ringen. Es geht daher darum, möglichst scharfe Diagnosen und Begriffe zu liefern, um plausible Vermutungen über die Welt, ihren Verlauf, ihre Chancen und Probleme anstellen zu können. Wir können nicht alles wissen – Spekulationen, Vermutungen, Behauptungen stehen hoch im Kurs. Und diese Spekulationen bedürfen eines mentalen Fundaments, das sich grob mit einem der Etiketten Optimismus, Pessimismus oder Skeptizismus auszeichnen lässt. Es fragt sich, welcher -ismus die beste Wette auf die Zukunft verspricht oder ob sich die verschiedenen -ismen möglicherweise sogar sinnvoll kombinieren lassen, ohne dass man die spezifische Qualität eines jeden aufgeben müsste.

Das Land, in dem dieses Buch erscheint, gilt – wie die empirischen Daten des Eurobarometers belegen – als das pessimistischste der Europäischen Union, und das «Blaubuch» der chinesischen Akademie der Sozialwissenschaften prangert die skeptische Fortschrittsfeindlichkeit unseres Landes an.[16] Ausgerechnet in diesem Land aber entstand der sogenannte Optimismus. Möglicherweise ist der aktuelle Pessimismus also eine späte Reaktion auf die eigene Geschichte – und auf die zahlreichen Kritiken des Optimismus. Von der Gültigkeit und Tragfähigkeit dieser Kritiken und der kritisierten Positionen handeln die nachfolgenden Kapitel. Sie wollen die bislang allenfalls ausschnittsweise bekannte Geschichte des Optimismus skizzieren, zugleich aber auch darüber nachdenken, wie ein künftiger verantwortungsvoller Optimismus aussehen könnte.

II. Die beste aller Welten:
Universalistischer Optimismus

Ohne Gleichen: Leibniz, die Theodizee und der große Streit

«Leute, die Humor genug besitzen, Natur und Schicksal zu loben, statt sich darüber zu beklagen, selbst wenn sie nicht besonders gut abgeschnitten haben, sind, so dünkt mich, den anderen vorzuziehen. Denn abgesehen davon, daß diese Klagen schlecht begründet sind, heißt dies doch in Wirklichkeit, gegen die Anordnungen der Vorsehung zu murren. Man darf sich in dem Staate, in dem man lebt, nicht leichthin zur Zahl der Unzufriedenen gesellen, und am allerwenigsten darf man dies im Reiche Gottes, wo es mit einer Ungerechtigkeit verbunden wäre. Bücher über das menschliche Elend, wie das des Papstes Innozenz III., sind meiner Ansicht nach von keinem großen Nutzen: man verdoppelt die Übel, wenn man ihnen eine Aufmerksamkeit widmet, die man von ihnen abwenden sollte, um sie auf die weit gewichtigeren Güter zu richten. Noch weniger kann ich solche Bücher billigen, wie das des Abbé Esprit, *De la fausseté des vertus humaines,* ein Buch [...], das nur bezweckt, alles von der üblen Seite zu zeigen und die Menschen so zu machen, wie es sie schildert.»[1]

Leibniz empfiehlt seinem Leser «Humor», ein sozusagen optimistisches Temperament. «Humorvolle» Menschen sind, Leibniz zufolge, die besseren, liebenswerteren Menschen, die verlässlicheren Staatsbürger. Sie leben gottesfürchtig, respektieren Gottes Schöpfung und ihre Eigendynamik ebenso wie den Staat, seine Gesetze und Ordnung. Auch «loben» sie Natur und Schicksal, das heißt, sie versuchen, das Beste in beidem zu entdecken. Dieses disziplinierte, optimistische Denken und Handeln erzeugt optimistisches Denken und Handeln. Wer sich demgegenüber wie Papst Innozenz III. oder der zitierte Abbé Jacques Esprit (1611–1678) immer nur mit den Schlechtigkeiten der Menschen befasst,[2] verschlimmert diese und ignoriert die wahren Güter: Tugend und Glauben.

Das Zitat zeigt einen Leibniz, wie man ihn kaum kennt: einen «humorvollen» Denker, der in seine wirkungsmächtigen, theologisch wie philosophisch komplexen *Versuche über die Theodizee* lebenspraktische Ratschläge einstreut: Es gilt, Gottes Reich im Himmel und auf Erden zu akzeptieren, zu loben, zu befördern. Leibniz überwindet damit die katholische Moralistik durch eine versöhnliche christliche Universallehre: Jesuiten wie Baltasar Gracián hatten in der Form kurzer Lehrsätze oder Aphorismen Egoismus, Klugheit und die Intrige gepredigt. Innozenz III. und der Abbé hatten die Schlechtigkeit der vom Glauben abgefallenen Gläubigen zuletzt satirisch gegeißelt. Leibniz preist das positive Gegenteil: den Menschen, der sich in den zwei Reichen Gottes, dem irdischen und dem himmlischen, gottgefällig verhält. Auf dem Spiel steht das Verhältnis von Individuum und Universum, von Bürger und Staat und – nicht zuletzt – der Glaube. Das Individuum hat dabei letztlich keine Wahl: Es muss sich fügen, denn es ist nicht mehr und nicht weniger als ein Teil des wohleingerichteten, gottgewollten und auf Erden staatlich organisierten Ganzen.

Um dieses Ganze, um das harmonische Universum geht es der *Theodizee*, dem Text, der irrtümlicherweise als Grundschrift des Optimismus bekannt wurde. Historisch richtiger wäre Leibniz' Denken im Sinne des Zitats als – humorvoller – Neo-Stoizismus gekennzeichnet. Der Neo-Stoizismus war im 17. und beginnenden 18. Jahrhundert so populär, dass er als leitende Weltanschauung der Epoche gelten kann. Zu seinen führenden Vertretern zählte der niederländische Gelehrte Justus Lipsius (1547–1606). Dessen Erbauungsbüchlein *De Constantia / Über die Beständigkeit* (1584) prägte die Lebensphilosophie und Alltagsmoral der Zeit. Wie den antiken Stoikern ging es Lipsius um die Harmonie von Kosmos und Individuum, von Makrokosmos und Mikrokosmos. Störungen der äußeren oder inneren Ruhe, Kriege, Aufbegehren, Unordnung des Staatswesens, Verrohung der Sitten waren zu vermeiden. Das Individuum sollte sein Schicksal akzeptieren – wie in dem Zitat von Leibniz. Doch anders als Leibniz hielt Lipsius für sein Publikum nur eine harte Tugend bereit, die wenig mit «Humor» zu tun hatte: die Beständigkeit, die Fähigkeit, Ungemach, Leiden, physische Qualen zu erdulden.

Leibniz empfand diese Lehre offenkundig als zu bitter, zu fordernd und hart. Deshalb formuliert er vorsichtig und hofft auf die Einsicht des humorvollen Menschen in eine kosmische Harmonie, die sich nicht mehr von selbst versteht. Leibniz' Gründe sind vielfältig: Sie liegen in der innerweltlichen Erfahrung von Leid, Krieg und Tod, vor allem aber in den miteinander konfligierenden Versuchen der Philosophie und der Theologie, diese Erfahrungen verstehbar zu machen. Philosophie und Theologie drohten auseinanderzufallen. Ihre Erklärungen stimmten nicht mehr miteinander überein und trafen auf die Erfahrungswelt der Zeitgenossen immer weniger zu. Leibniz und andere Denker stellten sich vor dem Hintergrund dieser Konflikte zwei zentrale Fragen: Wie ist das Universum einge-richtet? Und ist derjenige, der es eingerichtet hat, gerecht? Beide Fragen hängen eng miteinander zusammen: Weist das Universum Probleme auf, dann ist Gott möglicherweise nicht gerecht, und ist Gott nicht gerecht, dann muss sich das Univer-sum auf sich selbst besinnen und den eigenen Schöpfer zum Teufel jagen.

Um 1700 entstand aus diesem Zusammenhang eine so erheb-liche Sprengkraft, dass sie den Glauben an den Schöpfer tat-sächlich gefährdete: Der christlichen Lehre zufolge kommen Gott Allmacht, Allwissenheit und Allgüte zu. Was aber, wenn es Übel in dem von ihm geschaffenen Universum gibt? Wie kann Gott dies zulassen? Alle denkbaren Erklärungen waren bis in das frühe 18. Jahrhundert hinein unbefriedigend: Ent-weder wollte oder konnte Gott das Böse nicht beseitigen oder er wollte und konnte, doch trotzdem gab es Übel in der Welt. In der Nachfolge Epikurs formulierte David Hume dieses Problem in seiner ganzen Schärfe.[3] Gott erscheint Hume ent-weder als himmlischer Scharfrichter, als Hochstapler, oder er ist schlicht inexistent. Entweder bestraft er seine Schäfchen mit äußerster Brutalität oder er hat seine Schöpfung nicht im Griff. Oder es gibt niemanden, der überhaupt in den Gang der Dinge eingreifen könnte oder wollte.

Die meisten Theologen vor Hume setzten auf den Gott, der nicht in seine Schöpfung eingreifen will, den Gott des Schre-ckens und der Drohung. Aus ihrer Sicht mussten Schicksals-schläge und Naturkatastrophen als gerechte Strafe Gottes be-trachtet werden: als Strafe für eine Menschheit, die das Erbe

Adams angetreten hat und nachträglich für den Sündenfall gepeinigt wird. Dieser Gedanke gab Pastoren wie Priestern noch im ausgehenden 17. und im 18. Jahrhundert Anlass zu Bußpredigten: Brach die Pest aus oder bedrohten feindliche Heere Haus und Hof, war der Verfall des Glaubens schuld. «Denn Gott wird alle Werke vor Gericht bringen», sprach der Prediger Salomo (Prediger 12,13 f.), und die zeitgenössischen Hüter der christlichen Herde verbreiteten sein Wort.

Ein unerfreuliches Erklärungsmuster – in zweierlei Hinsicht: Erstens spendete es dem Gläubigen im Angesicht des Unheils keinen Trost, sondern ließ ihn mit seinem Elend, seinen Sünden allein. Zweitens stellte es den Glauben an die Erlösung, das Heil und die Allmacht Gottes überhaupt auf den Prüfstand. Welche Rolle spielte der Mensch in Gottes Kalkül? Konnte er die Strafe durch gute Werke und Taten abwenden oder zumindest das Strafmaß beeinflussen? Um 1700 wiesen diese Fragen in mehrfach vermintes Gelände. In der Theologie spalteten sie Katholiken, Calvinisten und Lutheraner. Die Katholiken meinten, dass gute Werke Unheil vom Gläubigen abwenden würden. Die Calvinisten hingegen dachten, der Gläubige werde bloß zufällig und durch Gottes höhere Vorsehung zum Heil erwählt. Die Lutheraner schließlich wendeten sich gegen beide Sichtweisen und setzten allein auf den Glauben an Jesus Christus. Schließlich war er am Kreuz für alle Gläubigen gestorben, erlöste sie von ihren Sünden und führte sie Gottes Gnade zu.

Darüber hinaus sorgten versprengte Heterodoxe wieder und wieder für Aufregung unter den Gelehrten und Gläubigen. Sie bezweifelten zentrale Dogmen der christlichen Religion. In der Folge genügten Glaube und Theologie nicht mehr, um das Christentum zu verteidigen. Gefragt war eine Lehre jenseits

der Kirchen und Religionen. Die Philosophie musste helfen –
und gemeinsam mit der Theologie aktiv werden.

Leibniz' Lösungsansätze zu den beiden Kardinalfragen seiner Zeit speisen sich aus einem Denken, das hier «universalistischer Optimismus» genannt werden soll, um die Polemik der
Leibniz-Gegner nachträglich produktiv zu wenden. Denn sein
Ziel bestimmt der «humorvolle» Philosoph eindeutig. Als gläu-
biger Christ litt er unter den Zerwürfnissen von Philosophie
und Theologie. Er versuchte deshalb, den Glauben philosophisch und universalistisch zu retten, Vernunft und Glauben
miteinander zu versöhnen – im Sinne einer alten Tradition namens «philosophia perennis», einer ewigen, auf die Urgründe
des Denkens zielenden Philosophie.[4] Es war dieses Vorhaben
einer Versöhnung von Religion und Philosophie, das Leibniz'
Denken für die Zeitgenossen als attraktiv und kontrovers zugleich erscheinen ließ.

Das Vorhaben einer erneuerten «philosophia perennis» beschäftigte Leibniz seit den 1670er Jahren, und er fügte in der
Folgezeit Baustein um Baustein hinzu, um sein vernunftreligi-
öses Weltgebäude zu errichten.[5] Leibniz entwickelte die we-
sentlichen Elemente seiner Philosophie in der Auseinandersetzung mit Denkern, die er hoch schätzte: Die prästabilierte (d. h.
vorherbestimmte) Harmonie, die auf die Frage nach der Be-
schaffenheit des Universums antwortet, entstammt der Auseinandersetzung mit René Descartes. Und auf eine gegen ihn selbst
gerichtete Polemik Pierre Bayles reagierte Leibniz mit seiner
Antwort auf die Frage nach der Gerechtigkeit des Schöpfers:
der Theodizee, der «Gottrechts-Lehre», ein Kunstwort, das
sich aus «theos» (Gott) und «dike» (Gerechtigkeit) ergibt.

Die Annahme einer prästabilierten Harmonie geht auf
Leibniz' Versuch zurück, den Dualismus des Descartes zu

widerlegen. Als methodischer Skeptiker zweifelte Descartes an der Wahrheit der Erfahrung ebenso wie an der Wahrheit der bekannten Lehrsätze. Er ging deshalb davon aus, dass nur das Denken selbst wahr sei («cogito, ergo sum»/ »Ich denke, also bin ich»). Dessen «Substanz» nennt er «res cogitans», die Materie «res extensa». Dieser Dualismus beschäftigte Descartes' Freunde und Feinde: Sie waren mit der Zweiteilung unzufrieden, weil sie von einem gottgeschaffenen Universum, einem Ganzen, ausgehen wollten. Hier setzte Leibniz mit seiner Annahme von der prästabilierten Harmonie an.

Harmonie ist für Leibniz eine optimale Ordnungsleistung:[6] Die «prästabilierte Harmonie» besagt, dass Gott alle kosmischen Beziehungen wohlgefügt hat, und zwar so, dass Mannigfaltigkeit und Einheit aufs Beste zusammenstimmen. Dabei geht es Leibniz nicht um ein einmal verfestigtes Weltsystem, sondern vielmehr um Dynamik, um ein flexibles, aber in sich stabiles Ganzes. Dieses Ganze ist aufgebaut aus den «Monaden», den kleinsten Einheiten: Sie sind für Leibniz nichts Isoliertes, sondern etwas, das die Welt, das Ganze schon in sich selbst enthält. Wie die Seele bei Descartes ist die Monade bei Leibniz körperlos, und sie hat keine Fenster zur Außenwelt. Doch ist sie nach demselben Prinzip gestaltet wie die körperliche Außenwelt.

Mit dieser Annahme löst Leibniz den Dualismus von Descartes auf. Monade und Außenwelt sind zwar Parallelwelten, garantieren aber eine gleichförmige, harmonische Ordnung des Universums. Denn die Bewegungen der Monaden und ihrer Außenwelt verlaufen, gesetz- und zweckmäßig, gleichförmig nebeneinander ab – wie bei Uhren, die genau gleich gestellt sind. Gott wirkt als Schöpfer und Gesetzgeber dieser harmonischen Welt; er erweist sich als zureichender Grund aller

Dinge. Nach seinem Schöpfungsakt aber ist die harmonisch eingerichtete Welt auf sich gestellt. Sie wird selbst tätig, nach ihrem freien Willen – und so kann in die harmonische Welt eine Disharmonie kommen, für die Gott keine Schuld trägt.

Pierre Bayle, ein reformierter Theologe und Anhänger der Lehre Calvins, attackierte Leibniz für diese aus seiner Sicht gänzlich falsche Konstruktion. Bayles *Dictionnaire historique et critique* (1696), ein so gewitztes wie gelehrtes, kurzweiliges wie voluminöses epochemachendes Werk, eröffnet den Kampf. Es gehört zu Bayles Stil, dass man die entscheidenden Debattenbeiträge in scheinbar nebensächlichen Artikeln des Lexikons suchen muss – so auch im Fall der Debatte mit Leibniz. «Rorarius» heißt der betreffende Artikel, und er handelt auf knappen 17 Zeilen von einem wenig bekannten Juristen namens Girolamo Rorario, lateinisch «Rorarius».

Rorarius also vertrat schon in den 1540er Jahren eine Ansicht, die noch ein Jahrhundert später für Kontroversen sorgte: die Ansicht nämlich, dass Tiere eine Seele haben und sich ihrer Vernunft besser zu bedienen wissen als Menschen.[7] Aufgrund dieser mutigen Ansicht wurde Rorarius zum Symbol für die Freiheit zu philosophieren. Die Mechanisten, allen voran Descartes, bekämpften seine Auffassung entschlossen. Aus ihrer Sicht schuf Gott die Tiere – wie Maschinen. Eine Seele besäßen sie nicht, von Vernunft ganz zu schweigen. Bayle wiederum schätzte Descartes für seinen methodischen Skeptizismus, bekämpfte aber seine mechanistische Sicht der Tiere und hegte Sympathien für die Position des Rorarius. Wollte er den Tieren eine Seele zusprechen, so half Leibniz ihm dabei. Und daher kam es zu Bayles Artikel «Rorarius» und zu einem seitenlangen Fußnotenapparat – unter anderem über das Leibniz'sche System.

Dort bestreitet Bayle zweierlei: erstens die Annahme eines harmonischen Universums, zweitens die Macht der Vernunft. Bayle zitiert das Böse herbei, um Leibniz' Vernunftglauben zu widerlegen:[8] Das Böse sei nun einmal in der Welt und nicht mit den Mitteln der Vernunft zu erklären. Vernunft und Offenbarungsglaube ließen sich nicht harmonisieren. Dem Gläubigen steht nur der Glaube an das Mysterium zu Gebote: Böses, so folgert Bayle, ist schlicht zu akzeptieren, zu tolerieren. Die Botschaft Christi meint eben die Hingabe an Gott und die Toleranz gegenüber dem Schicksal. Diese harte, orthodoxe Ansicht Bayles verblüffte die Zeitgenossen – zumal sie schlecht zu dem skeptischen und neugierigen Denker zu passen schien. Doch der wich nicht von seiner Position.

Vielmehr warf Bayle Leibniz vor, einen stoischen Fatalismus zu vertreten, der weder dem Gläubigen noch der Größe Gottes entspreche. Leibniz antwortete am Ende in Buchform – mit seiner *Theodizee*. Gleich im Eingang des Buches gibt er einen ausführlichen Bericht über seine Auseinandersetzung mit Bayle, die mit dem «Rorarius»-Artikel begonnen hatte, von Leibniz in die gelehrten Journale getragen worden war, in die zweite Auflage des *Dictionnaire* eingegangen und wieder in die Journale gewandert war – und so fort. Sie umfasst eine Fülle verschiedener Fragen, unter anderem die nach der Seele der Tiere. Vor allem aber handelt sie vom vermeintlichen Triumph des Glaubens über die Vernunft. Leibniz bringt Bayles Position polemisch auf den Punkt:

«Herr Bayle [...] wendet sich gegen die Vernunft, wo er sich damit begnügen könnte, ihren Mißbrauch zu tadeln. Er zitiert die Worte Gottes bei Cicero, der sich dahin versteigt, zu sagen: ist die Vernunft ein Göttergeschenk, dann müßte man die Vorsehung tadeln, es gegeben zu haben, da sie uns oft zum Schaden gereicht. Auch Herr Bayle glaubt, die menschliche Vernunft sei ein zerstörendes, kein aufbauendes Prinzip, ein Rennpferd, das nicht anzuhalten weiß, eine zweite Penelope, die ihr eigenes Werk zerstört.»[9]

Leibniz attackiert Bayles Vernunftskepsis ebenso wie seine Unfähigkeit oder Unwilligkeit, das Böse vernünftig zu erklären. Seine Gegenwehr gelingt mit Hilfe plausibler theologischer und philosophischer Argumente: Im Rückgriff sowohl auf katholische als auch auf lutherische theologische Lehrsätze versteht Leibniz Gott als allmächtigen, allwissenden, philanthropischen und planvoll handelnden Gott.[10] Er meint es gut mit den Menschen und entscheidet auf der Basis logischer Kalküle zu ihren Gunsten. Aus der Vielzahl der möglichen guten Welten wählt Gott nach seinem Kalkül die beste aus. Verfehlungen und Fehlfunktionen – kurz: das Böse in dieser Welt sieht Gott dabei zwar vorher, kann es aber nicht ausschließen. Denn das Verhalten der Menschen bestimmt er nicht, und auch die Natur entwickelt sich unabhängig vom göttlichen Eingriff. Leibniz vertritt demnach zwar einen gewissen Determinismus, aber der Mensch hält sein Schicksal doch selbst in der Hand. Sein Wille ist frei; Gott hat darauf keinen Einfluss.

Damit ist das Theodizee-Problem, metaphysisch betrachtet, gelöst. Gott und Mensch bewegen sich in ihren eigenen Zuständigkeitssphären. Die Probleme des Menschen, die Schlechtigkeit der Welt stellen die Allwissenheit, Allmacht und Allgüte Gottes nicht mehr in Frage. Und Leibniz untermauert seine Deutung auch noch rhetorisch:[11] Durch so anschauliche wie amüsante Evidenzbehauptungen sichert er sein System gegen Bayles Evidenzbehauptungen ab. Bayle meinte beispielsweise, schon an der großen Zahl der Gefängnisse und Spitäler ließe sich erkennen, wie schlecht die Welt sei. Leibniz hält gewitzt –

und tatsächlich optimistisch – dagegen: «Im menschlichen Leben gibt es unvergleichlich mehr Gutes als Böses, wie es ja auch unvergleichlich mehr Häuser als Gefängnisse gibt.»[12] Leibniz formuliert hier ein empirisches, quantitatives Argument für den Optimismus, das allerdings schon beinahe satirisch daherkommt.

Leibniz' Optimismus vor dem Optimismus ruht also gleich auf mehreren Säulen: auf dem optimistischen Versuch, Glauben und Philosophie, Gott und Vernunft in einem abstrakten Denken jenseits der Erfahrung zu versöhnen, sowie auf erfahrungsbasierten Argumenten und auf einer neostoischen, auf Disziplin bedachten Morallehre für den «humorvollen» Menschen. Bayle hatte recht, als er Leibniz als Stoiker bezeichnete, aber von Fatalismus ist in der *Theodizee* wenig zu spüren – im Gegenteil. In der Tradition der «philosophia perennis» versuchte Leibniz, Vernunft und Religion zusammenzudenken, und es war dieser Versuch, der religiösen Mystikern wie Bayle missfiel.

Die deutschen Leibniz-Gegner hingegen störten sich an einem bestimmten Element der *Theodizee*: der These von der besten aller Welten. Zu ihren bekanntesten Kritikern zählen der Hallenser Jurist Christian Thomasius und sein Schüler, der Theologe Johann Franz Budde. Gleich nach Erscheinen der *Theodizee* beginnen sie mit ihrer – auch langfristig musterbildenden – Polemik. Zwei Argumente bringen sie gegen Leibniz vor:[13] Erstens werfen sie ihm vor, die Lehre vom Sündenfall nicht zu berücksichtigen und den Menschen zu positiv anzulegen. Daran anknüpfend erscheint ihnen zweitens die Rede von der besten aller Welten als deterministisch: Weder Gott noch der Mensch könnten in diesem System frei handeln. Alles sei zum Guten vorherbestimmt.

Beide Kritikpunkte beruhen auf einer kurzatmigen Leibniz-Lektüre: Denn weder ignorierte Leibniz den Sündenfall, noch zielte er auf ein determistisches System. Gleichwohl hatten Thomasius und Budde zwei Probleme identifiziert, mit denen die Zeitgenossen tatsächlich kämpften. In der Folge verselbständigte sich die Leibniz-Kritik und wurde in den 1730er Jahren zum regelrechten Anti-Optimismus. Dabei kehrten die Argumente der frühen Leibniz-Gegner bis in die 1760er Jahre hinein in immer neuen Variationen wieder und wurden durch einen weiteren Einwand verstärkt. Er betraf die Rede von der besten aller Welten – die den Zeitgenossen angesichts des Übels in derselben nicht mehr einleuchten wollte.

Der Grund für die erstarkende Kritik lag in der Geschichte des Denkens selbst. Mit der Zeit wurde die Kontroverse in Philosophie, Theologie und Literatur immer schärfer. Es bildeten sich Parteien pro und contra Leibniz, wobei auch Alexander Popes *Essay on Man* (1733/34) ins Kreuzfeuer der Kritik geriet. Pope fasste den Gehalt seines Essays mit dem so wirkungsmächtigen wie problematischen Satz «Whatever is, is right» zusammen.[14] Er konnte leicht mit Leibniz' Theodizee in Verbindung gebracht werden, auch wenn es sich bei ihm um eine Anspielung auf die *Bekenntnisse* des Augustinus handelte.[15] Doch war der Satz dazu angetan, die Gegner Leibniz' auf den Plan zu rufen: Jean Pierre Crousaz, ein streibarer reformierter Gelehrter, führte den Satz auf Leibniz' *Theodizee* zurück und warf dem Autor Determinismus vor.[16]

Vor diesem Hintergrund erst entstand der polemische Begriff des Optimismus. Im jesuitischen Zentralorgan, den *Mémoires de Trévoux,* veröffentlichte der Cartesianer Louis Bertrand Castel im Jahr 1737 eine ausführliche Rezension der zweiten Ausgabe der *Theodizee* (Amsterdam 1734). Castel greift die Argumente der Anti-Leibnizianer auf und verschärft sie. Die Philosophie Leibniz' wird dabei in die Ketzergeschichte der katholischen Kirche eingeordnet und erweist sich als neue gefährliche Irrlehre. Der nun zum ersten Mal so genannte Optimismus, die Lehre von der besten Welt, wird angeklagt, Gottes Schöpfung allein mit den Mitteln der Vernunft und als ausschließlich körperliche Welt zu begreifen. Dieses waghalsige und einseitige Projekt missachte, so der Vorwurf, das Mysterium der Schöpfung.[17]

Die Gegenwehr aus dem optimistischen Lager ließ nicht lange auf sich warten. Christian Wolff, die Physikotheologen – die Gott aus der Natur herauszulesen suchten – und einige Deisten, d. h. englische Freidenker, griffen zur Feder, um ihre jeweilige Version des Optimismus zu verteidigen. Sie alle eint eine Überzeugung: Sie sehen Gott als Lenker, der die Geschicke der Welt nicht nur ‹vorherbestimmt›, sondern überhaupt und im Hier und Jetzt vorgibt. Wolff und die Deisten reduzieren die Willensfreiheit des Einzelnen auf ein Minimum. Speziell die Deisten begreifen Gott dabei nur mehr als natürlichen Gott, nicht mehr als Gott der Offenbarung. Ihnen rücken jedoch wiederum die Newtonianer der Berliner Akademie und der Philosoph Christian August Crusius zu Leibe. Abermals geht es vor allem um die Lehre von der besten Welt. Im Jahr 1755 schreibt die Akademie, veranlasst durch die Newtonianer, einen Preis für einen Essay gegen den Optimismus aus; zeitgleich sammelt Crusius, Professor in Leipzig, neue Argumente gegen den sogenannten Determinismus.

Der Streit um den Optimismus war zum intellektuellen Pulverfass geworden. Sogar institutionell hatte er Konsequenzen: Wolff wurde in Halle seines Amtes enthoben, weil er eine allzu weltliche Philosophie vertrat, und an der Berliner Akademie

attackierten die Newtonianer die Anhänger Wolffs. Voltaire
wusste um diese Problemlagen – und brachte das Pulverfass mit
den Mitteln der Literatur zum Explodieren.

Optimistischer Anti-Optimismus: Voltaire und das Erdbeben

Voltaire zählt zu den wichtigsten und wirkungsmäch-
tigsten Kritikern des ab 1737 so genannten Optimismus. Wie
Bayle begreift sich Voltaire als Skeptiker, aber anders als Bayle
hat er gegen die Vernunft auch in Fragen der Religion nichts
einzuwenden. Im Gegenteil: Voltaire appelliert an die ‹gesunde
Vernunft› seiner Leser, um sie vom Optimismus abzubringen.

Seine eigene ‹gesunde Vernunft› hatte Voltaire selbst schon
lange zum Kritiker der Metaphysik werden lassen: Descartes
und Spinoza zählten ebenso zu seinen Gegnern wie Leibniz
und Wolff. Der letztgenannte wurde dem französischen Meis-
terdenker besonders in den 1740er und 1750er Jahren zum
Ärgernis: Zum einen interessierte sich seine langjährige Gefähr-
tin, die Marquise du Châtelet, zusehends für Wolffs Philosophie; zum anderen wurde die Welt durch das Erdbeben von
Lissabon und den gerade beginnenden Siebenjährigen Krieg
von so großem Unheil heimgesucht, dass ein emphatischer Optimismus endgültig unangebracht schien. Vor diesem Hintergrund schreibt Voltaire im Jahr 1756 sein *Poème sur le désastre
de Lisbonne, ou examen de cet axiome ‹tout est bien›*, also ein
*Gedicht über das Unglück von Lissabon oder Prüfung des Axi-
oms ‹Alles ist gut›* –, und einen satirischen Roman, *Candide, ou
l'optimisme / Candide oder der Optimismus*, der im Jahr 1759
veröffentlicht wird.

Der Roman setzt sich mit dem Optimismus nicht in erster Linie argumentativ auseinander, sondern will ihn auf knappen 100 Seiten demontieren, und zwar aus der Anschauung des Gegenteils: Voltaire erzählt anti-optimistische Geschichten im Gewand eines satirisch gemeinten Optimismus. Dieser Optimismus will den Optimismus vor sich selbst bewahren. Indem er die Figuren des Romans, die Handlung und das Setting gegen den metaphysischen Optimismus ins Feld führt, charakterisiert er ihn als überzogen, selbstzufrieden und wirklichkeitsfremd. Zugleich plädiert er für einen gemäßigten, selbstkritischen Optimismus, der sich selbst nicht allzu ernst nimmt.

Doch gegen welchen Optimismus kämpft Voltaire? Geläufige Interpretationen des *Candide* glauben, dass sich Voltaire hier mit Leibniz auseinandersetzt. Diesen Interpretationen zufolge ist Leibniz' Position mit derjenigen des Philosophen Dr. Pangloss («Allessprecher») identisch. Dieser Pangloss verkörpert alle Klischees des weltfremden, aber egoistisch auf seinen eigenen Vorteil bedachten deutschen Gelehrten. Er unterrichtet den naiven Helden Candide (den «Treuherzigen») und seine große Liebe Cunégonde, die Tochter des westfälischen Barons mit dem angelsächsisch klingenden Namen Thunder-ten-thronck. Dr. Pangloss lehrt die «metaphysisch-theologische Kosmolonigologie» («Métaphysico-théologo-cosmolonigologie»),[18] und diese besteht aus zwei Grundüberzeugungen. Erstens: es gibt keine Wirkung ohne Ursache;[19] zweitens: diese Welt ist die beste aller möglichen. Seine Überzeugungen belegt Pangloss nicht; er setzt sie einfach. Wie selbstverständlich leitet er allerlei groteske Fehlschlüsse daraus ab: Weil die Welt die beste aller möglichen ist, erweise sich das Schloss des Barons als schönstes aller Schlösser. Weil alle Wirkung eine notwendige Ursache habe, seien die Nasen dafür gemacht, Brillen zu tragen.

Und seine gelehrigen Schüler folgern ganz selbstverständlich: Weil der Doktor seine Gründe haben wird, erscheint sein Beischlaf mit dem hübschen Zimmermädchen als eine notwendige Lehrstunde der Physik.

Das Programm des Pangloss aber erweist sich als realitätsferne Spekulation: Als Candide und Cunégonde sich selbst in der Physik üben, wirft der Baron den jungen Helden aus dem Schloss. Eine Irrfahrt beginnt, die wie eine düstere Version von Jonathan Swifts *Gullivers Reisen* (1724) wirkt: Candide gerät in die kriegerischen Händel bulgarischer Soldaten, erlebt das Erdbeben in Lissabon, flüchtet nach Paraguay, ins Paradies El Dorado. Aber selbst das Paradies befriedigt nicht: Candide vermisst Cunégonde und reist nach Europa zurück. Das Übel der Welt beschäftigt Candide derart, dass er dem metaphysischen Optimismus des Pangloss abschwört – zumal ein gewisser Philosoph namens Martin Einfluss auf Candide gewonnen hat. Dieser hängt dem Manichäismus an, dem Glauben, dass es neben dem Reich Gottes ein Reich des Teufels gebe, neben dem Reich des Lichts ein Reich der Finsternis. In seiner Gegenwart sieht Martin den Teufel am Werk. Er ordnet sie dem Reich der Finsternis zu, und es scheint, als behielte er recht: In Konstantinopel findet Candide die Geliebte wieder, und wie um Candides manichäisch revidiertes Weltbild zu bestätigen, ist sie verstümmelt, hässlich, zänkisch geworden. Die drei hart geprüften Schicksalsgenossen Candide, Cunégonde und Martin ziehen sich von der Welt auf ein idyllisches Landgut zurück. Ihr großer Optimismus ist auf einen Optimismus en minature, auf eine überschaubare Lebensmaxime reduziert: «[...] il faut cultiver notre jardin» – «Wir müssen unseren Garten pflegen»,[20] so schließt Candide.[21]

So amüsant und geistreich sich Candides Geschichte liest und so wichtig die Perspektive des von Leid und Elend Betroffenen ist, so wenig trifft sie Leibniz und seine *Theodizee*. Mit Pangloss zeichnet Voltaire einen Gelehrten, der mit dem weltgewandten «humorvollen» Leibniz nichts gemein hat. Der Leibniz'schen Metaphysik entnimmt Voltaire nur Stichwörter. Er löst sie aus ihrem Kontext, kehrt sie um, wendet Leibniz' Erklärungen gegen ihn selbst. Von Monadologie und Theodizee bleibt nicht nur so gut wie nichts übrig, sondern sie kommen auch nicht einmal vor. Voltaire setzt sich nicht mit Leibniz' System auseinander, sondern nutzt es als Sprungbrett für die galante Globalattacke gegen einen bunten Strauß von Optimismen vor und nach der Erfindung des Optimismus.

Voltaire greift unter dem Deckmantel der Leibniz-Polemik und in der Tradition sowohl des Anti-Leibnizianismus als auch des Anti-Wolffianismus ganz unterschiedliche Denker an: die Cambridger Platoniker, die Physikotheologen, Wolff, die Deisten – und sich selbst.[22] *Candide* trägt den Untertitel *Traduit de l'allemand de Mr. le Docteur Ralph (Übersetzt aus dem Deutschen von Herrn Doktor Ralph)* – womit vermutlich Ralph Cudworth (1617–1688), ein Vertreter der Cambridger Platoniker, gemeint ist. Cudworth vertrat in der Tat einige Lehren, die denjenigen von Leibniz ähnelten, aber sie waren nicht deckungsgleich: Wie später Leibniz bekannte sich schon Cudworth in seinem *True Intellectual System of the Universe* (1678) zu einem anti-deterministischen Gottesbild. Cudworth zufolge garantierten Gottes Weisheit und Güte moralische Prinzipien, und zugleich richtete sich die Seele eines jeden Menschen freiwillig auf das Gute. Mit Leibniz' Monadologie und Theodizee hat dieses Denken zunächst nichts zu tun, aber Voltaire genügten die vagen Ähnlichkeiten, um den einen zum Philosophen des Optimismus und den anderen zu seinem Übersetzer werden zu lassen.

Auch der Titel von Pangloss' «Métaphysico-théologo-cosmolonigologie» verweist nicht auf die Schriften Leibniz', sondern auf die zahlreichen Schriften Wolffs zur Metaphysik oder auf die Physikotheologen oder auf beides. Die Physikotheologen warben mit so reizvollen Buchtiteln wie *Astro-Theology* (William Derham, 1731), *Melittotheologie* (*Theologie der Bienen*, Adam Gottlob Schirach, 1767), *Akridotheologie* (*Theologie der Heuschrecken*, Ernst Ludwig Rathlef, 1748–1750) und *Pyrotheologie* (*Theologie des Feuers*, Johann Albert Fabricius, 1732) für ihr Anliegen, Gottes Allmacht und Allgüte aus dem kleinsten Detail der Natur zu beweisen: aus der Biene, der Heuschrecke und dem Feuer. *Versuch Durch nähere Betrachtung Des Feuers, Die Menschen Zur Liebe und Bewunderung ihres Gütigsten, Weisesten, Mächtigsten Schöpfers anzuflammen*, heißt es passend im Untertitel der *Pyrotheologie*. Die weiche, unbestimmte und von Voltaire satirisch gemeinte Formulierung des Pangloss, dass es keine Wirkung ohne Ursache gäbe, passt zu Voltaires weitschweifiger Attacke. Sie trifft eher auf Wolff und die Deisten denn auf Leibniz zu. Leibniz betrachtete Gott nur als Urheber des Kosmos, als zureichende Ursache, nicht aber als Lenker. Wolff, die Physikotheologen und die Deisten hingegen sahen Gott überall am Werk. Er hatte die Welt nicht nur angestoßen, sondern er zeichnete auch für ihren Lauf verantwortlich. Und was er tat, musste gut sein, und so galt diese Welt als gut.

Voltaire reduziert den Optimismus letztlich auf den schlichten Vers Popes. Dass Leibniz die Wirklichkeit mit seiner Formel von der besten Welt nicht derart bedenkenlos bejahte, zeigen seine komplexen Überlegungen über die Möglichkeiten, aus denen Gott auswählt, und über die prästabilierte Harmonie. Wolff, die Physikotheologen und die Deisten aber konnten dem Satz Popes zustimmen: Sie bejahten die Welt, wie sie ist. Auch der frühe Voltaire war noch ähnlicher Ansicht gewesen. Mit dem *Candide* korrigiert und persifliert er nicht zuletzt die eigene Position.

Aufgrund seiner anti-optimistischen Globalattacke wirkte Voltaires *Candide* nachhaltig, und zwar in doppelter Hinsicht: für und gegen den sogenannten Optimismus. Auf der einen Seite führte die Attacke die Voltaire-Gegner zusammen. Rousseau, Kant und zahlreiche weniger prominente Theologen, Gelehrte und Politiker, darunter die Freunde Wolffs und des Mediziner-Dichters Albrecht von Haller, nahmen den Optimismus gegen den ‹gefährlichen Freigeist› in Schutz.[23] Hallers berühmtes Gedankengedicht *Über den Ursprung des Übels* (1734) erscheint dabei als literarisches Bollwerk gegen die Feldzüge Voltaires. Von Hallers Anhängern wird es als Gegentext zu Voltaires *Poème sur le désastre de Lisbonne* in Stellung gebracht – nicht unbedingt zu Recht. Denn Haller hatte den Sprecher seines Gedichts gerade als Hiob, als Leidenden erscheinen lassen, der über die Undurchsichtigkeit der Vorsehung klagt und nur tastend, selbstzerknirscht Trost in der guten Ordnung der Natur, der Physikotheologie findet. Die Zeitgenossen aber interpretierten dies forsch als Plädoyer für den Optimismus und für Popes Aussage «whatever is, is right».

Auch Kant bezieht entschlossen für den Optimismus Position. Dafür verrät er selbst seinen Gewährsmann Crusius, der für viele Ansichten des frühen Kant Pate gestanden hatte. Mit einem Paukenschlag beginnt Kant das Wintersemester 1759/60: Seine erste Vorlesung am 7. Oktober stellt er unter den Titel *Versuch einiger Betrachtungen über den Optimismus*. Anlass mag die leidige Preisschrift gewesen sein, mit der die Berliner Akademie im Jahr 1755 Politik gegen den Optimismus zu machen gesucht hatte. Und Kant wird deutlich. Er verteidigt Leibniz' Satz, dass die Welt die beste aller möglichen sei. Dem höchsten Wesen werde diese Auffassung durchaus gerecht, denn es wird in seiner Weisheit, Güte und Macht die beste endliche (und damit in sich fehlbare) Welt für seine Gläubigen ausgesucht haben. «Heil uns, wir sind! und der Schöpfer hat an uns Wohlgefallen» – mit diesem hymnischen Optimismus beendet Kant seine erste Vorlesung und gibt seinen Studenten damit die Denkrichtung für das neue Semester vor.[24]

Doch half Kants hymnisches Machtwort nur begrenzt. Voltaires Polemiken verstärkten den Tenor der Anti-Wolffianer, und diese gewannen langfristig an Boden, vor allem in der Literatur. Doch ist dieser Umstand nicht – wie man lange dachte – mit einem mitteleuropäischen Trend zum metaphysischen Pessimismus gleichzusetzen. Die Lage erweist sich als komplexer.

Das Erdbeben von Lissabon forderte die Theodizee tatsächlich heraus. Theologen griffen vielfach wieder auf das Schema der Bußpredigt zurück und verbanden sie mit Mitleidsappellen.[25] Zwar bemühte sich die Physikotheologie, das Erdbeben in eine sinnvolle, naturkundlich gestützte Theologie zu integrieren, aber dennoch galt die Physikotheologie bald als obsolet. Sie konnte dem Schock, den das Erdbeben europaweit ausgelöst hatte, nicht gerecht werden. Die deutsche Theologie suchte Vernunft und Offenbarung in der Tradition Leibniz' und Wolffs miteinander zu versöhnen, wendete sich aber zusehends ‹irdischen› Themen zu: der historisch-kritischen Bibelinterpretation, der Frage nach dem guten Leben, der Verbindung von Religion und Ethik. Das Interesse am Menschen, seinem historischen und aktuellen Werden ersetzte das Interesse an der Metaphysik. Der «Influxus physicus», die Frage nach dem Einfluss des Körpers auf die Seele, trat an die Stelle der Debatte über den Einfluss der höheren Weltordnung auf die physische Welt.

Darüber hinaus inspirierte Voltaire literarische Nachahmer, und so entwickelte sich die Literatur für das lesende Publikum zum Zentralorgan der Optimismus-Kritik: Hier wurde die universelle Harmonie des Optimismus durch skeptische und pessimistische Disharmonie ersetzt. Das anti-optimistische Schreiben radikalisierte Voltaires letztlich noch optimistische Optimismus-Kritik, indem es Gemeinplätze der Optimismus-Diskussion aufnahm und mit den Mitteln der Literatur erweiterte, veranschaulichte, neu bedachte. Biographisch angelegte Entwicklungsromane etwa zeigen keine Entwicklung, sondern eine Regression: Johann Heinrich Wezels *Belphegor oder die wahrscheinlichste Geschichte unter der Sonne* (1776) lässt seinen Helden noch schrecklicher leiden als Voltaire seinen Candide.

Persiflagen wie Wilhelm Ludwig Weckherlins *Monolog einer Milbe im siebenten Stock eines Edamerkäses* hingegen treiben es bunt: Weckherlin, ein Enfant terrible der Publizistik im ausgehenden 18. Jahrhundert, lässt Leibniz durch eine Käsemilbe sprechen. Deren Überlegungen sind so polemisch wie trivial: Sie schließt munter vom Nutzen auf die Absicht. Der Käse ist danach für die Milbe da. Selbstverständlich erscheint ihr der eigene Käse auch als der beste aller möglichen Käse. Denn ein allwissender, allguter und allmächtiger Gott konnte ja nur erstklassigen Käse erfinden. Um der Milbe weitere Syllogismen zu ersparen, vertilgt ein anonymer Käseesser den Käse samt Milbe – wenngleich sie kurz zuvor noch beweist, dass es Zweck der Natur ist, sie vor dem Verspeistwerden zu retten.

Für Leibniz und den Optimismus ergreifen hingegen wenige literarische Texte Partei. Offenkundig war der Optimismus wenig populär: Der Optimist, so das pauschale Urteil vieler, richtet sich allzu leicht mit seiner Umwelt ein und taugt allenfalls als Stoff für Kritik und Persiflage. Nur Texte wie die *Theodizee* (1755) aus der Feder von Johann Peter Uz behaupten das Gegenteil. Und der Typus des Optimisten findet seinen Befürworter in dem französischen Dramatiker Jean-François Collin d'Harleville. In seiner Charakterkomödie *L'Optimiste* (1788) wird der Optimist in der Gestalt des wohlhabenden Monsieur de Plinville zum Rollenmodell: Gegen Voltaire, wider die Kritiker des Optimismus glaubt Plinville an die Güte der Vorsehung. Er akzeptiert sein trauriges Schicksal, den ständigen Verlust von Vermögen und Ansehen, die schwindende Aussicht seiner Tochter auf eine Ehe – und setzt doch auf die Kooperationsbereitschaft seiner Mitmenschen. Die Komödie schließt mit dem erwartbaren Happy End: Vertrauen und Glaube des Optimisten haben sich an der Widerständen der Zeit bewährt. Durch glückliche Fügung kann das Vermögen der Familie Plinville wiederhergestellt werden, und der Liebesheirat der Tochter steht nichts mehr im Weg.

Bemerkenswerterweise schließt sich mit d'Harlevilles *L'Optimiste* der Kreis zu Leibniz' Attacke gegen die Moralistik und Klugheitslehre: Denn die französische Komödie stand in der Tradition eben der französischen Moralistik. Es spricht für Leibniz, dass sie sich im Ausgang des 18. Jahrhunderts nicht mehr darauf beschränkte, moralisches Fehlverhalten anzuklagen oder ein solches Verhalten als Überlebensstrategie zu empfehlen, sondern sich literarisch für den Optimismus einsetzte.

Für das 18. Jahrhundert wirkte der Streit über den Optimismus wie ein Katalysator: Die Positionierung für oder wider den Optimismus filterte aus den vielgestaltigen Positionen bestimmte moralische, optimistische oder pessimistische Grundannahmen heraus, schuf Demarkationslinien, Schulen, geistige Traditionen. Der Optimismus wurde durch Leibniz, seine Befürworter und Gegner zu einer Kardinalfrage des 18. Jahrhunderts. Dieser Optimismus, der sich bei seiner Erfindung noch nicht als solcher deklarierte, beruhte auf theologischen Annahmen von der Allgüte, Allmacht und Allwissenheit Gottes. Er war insofern ein universalistischer Optimismus, als er, mit Leibnitz, an die beste aller möglichen Welten glaubte. Darüber hinaus aber erweist er sich als anthropologischer Optimismus, weil er sich gegen die jesuitische Klugheitslehre wendet und ihr ein optimistisches Menschenbild entgegenhält. Dieses Menschenbild vertraut auf die Disziplin und die Vervollkommnungsfähigkeit des Menschen. Zugleich ist es von seinem Ergebnis her gerechtfertigt: Wer über sein Schicksal und die Schlechtigkeit der Menschen klagt, fördert das Gute in der Welt nicht, anders als derjenige, der sein Schicksal annimmt und seine Umwelt lobt. Diese erste sozusagen optimistische Position erweist sich als beeindruckend vielschichtig und, vor dem Hintergrund der Zeit, als ausgesprochen durchdacht und wegweisend.

Sie provozierte nicht nur Voltaire und die Kritik an den metaphysischen Grundlagen des Optimismus, sondern rief zugleich auch andere optimistische Denkmodelle hervor. In der zweiten Hälfte des 18. Jahrhunderts konzentrierten sich diese jedoch seltener auf die Vorstellung von der besten Welt als vielmehr auf die auch für Leibniz wichtige Frage nach dem Menschen: War er gut oder schlecht – und was folgte daraus für die Ein-

richtung der Gesellschaft? Diese Fragen stellten sich anthropologische Optimisten wie die schottischen Moralphilosophen
und Rousseau. Christoph Martin Wieland hingegen ließ die
Antwort offen. Ihm gelang es, mit Voltaire gegen Voltaire anzu-
schreiben und dem Optimismus im Zwischenreich von Literatur und Philosophie neue Pointen abzujagen.

III. Der beste Mensch:
Anthropologischer Optimismus

Moral und Markt: Die schottische Moralphilosophie

Menschen, die als gut gelten, kommen in unterschiedlichen Formen vor. Einige davon, Helden und Idole wie Albert Einstein oder Nelson Mandela, bewundern wir. Andere, die Gutmenschen mit Batik-Shirt und Ökolatschen, die Neuen Menschen der Sozialutopien, sind uns suspekt. Und dann wäre da noch der ‹normale Mensch›, eine häufig vorkommende Spezies, zu der wir selbst zählen. Selbst diese Spezies hat ihre guten Seiten, ihre Träume und moralisch wertvollen Ziele. Doch sind die normalen Menschen (wie vermutlich auch die Helden) eben nicht nur gut. Vielmehr leben sie ihr Leben im Spannungsfeld zwischen Ideal und Interesse, Vernunft und Leidenschaft, Moral und Markt. Theologie und Philosophie haben diese Facetten des Problems vom besten Menschen seit seinen Anfängen untersucht.

Entsprechend ist die Vorstellung vom guten Menschen ebenso alt wie diejenige von der universellen Harmonie. In der Antike gingen beide Lehren komplexe Wechselverhältnisse miteinander ein: Die eine ergänzte die andere. Mit dem Christentum aber traten Komplikationen auf. In der Tradition Platons akzeptierte es den universalistischen oder kosmologischen

Optimismus, nicht aber den anthropologischen. Denn der
Mensch galt als fehlbar, verführbar und potentiell schlecht.
Eigentlich empfal er sich überhaupt nicht als Kandidat für
irgendetwas Bestes oder gar Ideales. Folgerichtig vertrieb Gott
den Menschen nach dem Sündenfall aus dem Paradies.

Doch gab es zwei gegenläufige Entwicklungen: zum einen
das dualistische Denken der frühchristlichen Sekten, das noch
in den Schriften der Kirchenväter, allen voran Augustinus,
fortwirkte. Dualisten wie die Manichäer bekannten sich zum
anthropologischen Optimismus – und zum kosmologischen
Pessimismus. Ihnen galt die Menschenseele als gut, die körperliche Welt, die äußere Hülle des Menschen aber als schlecht
und teuflisch. Dieser Dualismus gefährdete den christlichen
Glauben, spaltete die Welt in ein Reich Gottes und eines des
Teufels. Deshalb wurde der Manichäismus energisch bekämpft.
Er galt und gilt als inakzeptable Lehre.

Zum anderen aber stritten sich die Gelehrten über die Bedeutung des Kreuzestodes Jesu für die Menschen – und sie
streiten sich noch heute. Die Anhänger Luthers vertraten eine
nahezu optimistische, in jedem Fall mutmachende Lehre: Der
Sohn Gottes ist für die Gläubigen am Kreuz gestorben, in ihm
sind sie gerechtfertigt. Sofern sie nur an Jesus glauben, wird
ihnen im Jenseits nichts Böses widerfahren. Luthers Mensch ist
vielleicht nicht gut, aber seine Sünden werden ihm vergeben,
wenn er glaubt.

Doch stellte sich schon in der Antike und verstärkt wiederum zu Luthers Zeiten ein weiteres Problem: Was war mit
den Menschen und Völkern, die dem Christentum nicht anhin-
gen? Der Apostel Paulus hielt für sie eine interessante Lösung
bereit: Er sprach von tugendhaften Heiden, von sich zum Besten verhaltenden Menschen, die das Licht der Erlösung bloß

nicht oder noch nicht erreicht hat. Wie die Christen lebten sie «unter der Sünde», und wie diese würden sie von Gott unter den gleichen Bedingungen beurteilt (Römer 3,9–19). Infolge der Entdeckung Amerikas fand diese Lehre großzügig Anwendung. Die Inkas, die Indianer – sie alle erwiesen sich als Kandidaten für das tugendhafte Heidentum, aber auch als Objekte der Mission. Denn gerade tugendhafte Heiden wollte man zur Lehre Christi emporführen.

Zugleich entwickelten sich in unterschiedlichen Wissenschaften Ansätze, den Menschen neu zu begreifen. Die Medizin des 16. Jahrhunderts fragte, was die Seele sei, wo sie sitze und was es mit ihr – auch körperlich – auf sich habe. Und bereits im beginnenden 18. Jahrhundert behauptete mancher Mediziner, etwa der berühmte Hallenser Arzt Friedrich Hoffmann, mehr über den Menschen zu wissen als die Theologen: Anatomie und Physiologie, so sein Argument, lehrten mehr über den Menschen als metaphysische Spekulation.[1]

Ein vergleichbar ‹empirisches› Denkmuster entwickelte sich in der Lehre vom Naturrecht. Sie wollte eine juristische, moralphilosophisch informierte Grundlage der Gesellschaft liefern, indem sie nach der Gesellschaftsordnung suchte, die der Natur des Menschen entspräche. Zu diesem Zweck übernahm sie auch Denkmuster der Religion, fragte aber vor allem nach dem Verhältnis von Mensch, Gesellschaft und Gott. Dabei ging das Naturrecht – eben juristisch – nicht von theologischen Dogmen, sondern vom Menschen und der Gesellschaft aus. Drei Ansätze, die den Menschen zu bestimmen suchten, kämpften miteinander: Das eine Extrem bildete Thomas Hobbes' Auffassung, der Mensch sei des Menschen Wolf, also von Natur aus schlecht. Gegen ihn und seine Anhänger wandte sich der niederländische Jurist Hugo Grotius: Er sprach von der prinzipiellen, natur- und gottgegebenen Geselligkeit des Menschen. Grotius zufolge war der Mensch gut – eine Sichtweise, die mit der Lehre vom Sündenfall in ernste Schwierigkeiten geriet. Deshalb bezog der deutsche Rechtsgelehrte Samuel von Pufendorf eine vermittelnde Position: Er schrieb dem Menschen einen Trieb zur Geselligkeit zu. Der Mensch hatte danach nur eine Anlage zum gesellschaftlich Besten in sich, die es erst zu entwickeln galt. Diese drei konkurrierenden Ansätze entfalteten im 18. Jahrhundert kanonische Wirkung: Leibniz, Thomasius, Wolff – sie alle verschrieben sich Varianten der Anthropologie, wie sie von Grotius und Pufendorf her bekannt waren.

Den modernen guten Menschen erfanden einem gängigen Urteil zufolge aber erst die Schotten.[2] Tatsächlich gab es im Schottland des 18. Jahrhunderts einige findige Philosophen, die vom Wohlstand ihres expandierenden Landes und vom Interesse einer neugierigen Bürgerschaft profitierten: Anthony Ashley-Cooper, der Dritte Earl of Shaftesbury, Francis Hutcheson, David Hume und Adam Smith nahmen eifrig wahr, was andernorts publiziert wurde, kritisierten vorhandene Überlegungen, entwickelten eigene Denkansätze. Sie erfanden zwar nicht die moderne Welt, aber sie hauchten ihr neues Leben ein. Das gilt eben auch für ihre Lehren über den guten oder sogar besten Menschen, also für den anthropologischen Optimismus. Charakteristischerweise bekannten sich die Schotten anders als ihre deutschen Kollegen, die (Thomasius ausgenommen) Systeme errichten wollten, zu einem empirischen Denken, das von gelehrtem Ballast gereinigt war und sich bürgerlichen Lesern durch seine essayistische, anschauliche Form empfahl.

Shaftesburys Philosophie bildete die Gelenkstelle zum universalistischen Optimismus. Die Welt gestaltet sich nach Shaftesbury in jeder Hinsicht harmonisch, und der Mensch

trägt auf seine Weise zu dieser Harmonie bei. Dabei ist Shaftesbury nicht blind gegen Übel und Leid, aber er beharrt auf der
Unfehlbarkeit der Natur. Das universelle Eine erweist sich als
seine Leitidee. Dieses Eine mag von außen betrachtet wenig
weise und verkehrt handeln, aber es gehorcht doch einer höheren inneren Logik.[3] Die drei jüngeren Philosophen schottischer Herkunft, Hutcheson, Hume und Smith, arbeiten sich
an dieser Lehre ab, empirisieren, dynamisieren und kritisieren
sie. Sie denken den besten Menschen beherzt als Existenz zwischen Moral und Markt – und sehen diese Welten dabei gerade
nicht als einander polar entgegengesetzt an, sondern betrachten
sie vielmehr als Sphären, die sich wechselseitig ergänzen.

Francis Hutcheson, Professor der Moralphilosophie in Glas-
gow, vermutet, dass im Menschen eine besondere Gabe der
Natur am Werk sei: der «moralische Sinn», eine gottgegebene
Neigung zur Tugend, ein Sinn für das Gemeinwohl, der ganz
unegoistisch allein auf das Wohl des anderen gerichtet ist. Aufgrund dieser Gabe ist Hutchesons Mensch von Natur aus gut
und perfektionierbar. Doch setzt Gott die guten Neigungen
des Menschen nur in Gang; er ist nicht ihr Ziel, jedenfalls nicht
immer.

Der Gegner, den Hutcheson mit diesen Überlegungen zum
«moralischen Sinn» angreift, heißt Bernard de Mandeville.
Mandeville, Nachfahre hugenottischer Einwanderer, Mediziner
und Schriftsteller, war in den Salons Londons zu Hause. Er
pries den natürlichen Egoismus und die geordnete Unordnung
aus Nutzenerwägungen. «Genauso uns das Laster nutzt, / Wenn
das Gesetz es kappt und stutzt», lautet der wichtigste Merksatz
aus seiner so berühmten wie umstrittenen Bienenfabel (1705),
einem satirischen Gedicht, das sich als Sixpenny-Broschüre
schnell verbreitete.[4] Mandeville schildert die zeitgenössische

Gesellschaft als gierig, sündig, korrupt – und perfekt organisiert, sofern die ‹bösen› Triebe vernünftig, eben durch Sozial-
disziplinierung wie im Bienenstock, eingehegt werden. Sein
Merksatz wurde als «Mandeville-Paradox» bekannt. Er war der
Grund für die Polemik Hutchesons gegen Mandevilles Fabel.
Denn Mandevilles Satz besagt, dass Untugenden und sozial
schädliches Verhalten des Individuums letztlich positive soziale
Effekte hervorbringen – eine Auffassung, die einer Morallehre,
welche von der Allgüte Gottes und der moralischen Perfektio-
nierbarkeit des Menschen ausgeht, gründlich zuwiderläuft.

Doch erschienen Hutchesons optimistische Überlegungen
selbst dem eigenen schottischen Umfeld als überzogen. Dort
nimmt man den allzu euphorischen Optimismus Hutchesons
zurück: David Hume kritisiert seine entschiedene Festlegung
des Menschen auf nur eine Naturgabe, die sogleich moralisch
sein soll. Denn zum einen erscheint Hume der Begriff der Natur als gänzlich unklar,[5] zum anderen will er den Menschen
nicht auf einen moralischen Endzweck festlegen. Vielmehr
plädiert er dafür, ihn zu beobachten – in seinem Alltag, in
seinem Denken und Handeln, auf dem Markt ebenso wie am
heimischen Herd. Aus dieser alltäglichen Erfahrung schließt
Hume – moderat optimistisch – auf eine gewisse Sympathie, die
das Leben der Menschen und ihr Verhalten untereinander
lenkt.

Diese Sympathie liegt nicht von vorneherein im Wesen des
Menschen, sondern entsteht erst im konkreten Lebensvollzug.
Wir sympathisieren mit anderen, wenn und weil wir uns mit
ihnen vergleichen. Dabei ergibt sich ein folgenreiches Umkehr-
verhältnis. Sehen wir den anderen leiden, so empfinden wir
Sympathie mit ihm und zugleich verstärkt sich unsere Empfin-
dung für das eigene Wohlergehen.[6] Wer etwa gerade einen

Schiffbruch überstanden hat und gerettet werden konnte, wird sich im Vergleich mit den Ertrunkenen glücklich schätzen. Problematisch hingegen sind für Hume Menschen, denen es gut geht, die sich stolz oder gar heldenhaft verhalten. Sie rufen Unsicherheit hervor. Man fühlt sich neben ihnen klein. Aus diesem Grund empfiehlt Hume ein gemäßigtes bürgerliches Verhalten: «[...] zählen wir die guten Eigenschaften einer Person auf, so erwähnen wir immer diejenigen Seiten seines Charakters, die ihn zu einem zuverlässigen Kameraden, gefälligen Freund, milden Herrn, angenehmen Gatten oder nachsichtigen Vater machen.»[7]

Die Selbstsicherheit einer Person kann auch in das Gegenteil von Sympathie, in Langeweile oder Verachtung umschlagen. Das bemerkte ein anderer schottischer Philosoph, der die Paradoxa menschlichen Handelns gründlich untersuchte: Adam Smith. Smith knüpft an die von Hume in den Vordergrund gestellte Sympathie an und erfindet dazu eine neue Denkfigur: den «unparteiischen Zuschauer». Auch Mandevilles Paradox taucht bei Smith wieder auf, nämlich in der berühmten «unsichtbaren Hand», die aus den egoistischen Handlungen der Einzelnen das Wohl aller entstehen lässt.

Über all dem schwebt Shaftesburys Vorstellung einer universellen Harmonie, die durch «die unendliche Maschine», also von Gott, gewollt ist und sich im kleinsten Detail des irdischen Lebens zeigt: in den gleichgestimmten Empfindungen zweier Menschen, im vollkommenen Kunstwerk, in einer wohlgeordneten Politik, im liberalen Markt. Smiths Denken entfaltet sich damit konsequent zwischen Rechten, Pflichten und Selbstinteresse. Dieses Denken wird durch einen universalistischen Optimismus ausbalanciert und sukzessive entfaltet, in verschiedenen Büchern, die Rücksicht auf die unterschiedlichen sozi-

alen Sphären nehmen: der *Theorie der ethischen Gefühle* (1759)
und dem *Wohlstand der Nationen* (1776).[8]

Recht und Gerechtigkeit erweisen sich als Stützen der Gesellschaft. Auf sie lässt sich nicht verzichten, ohne sie gäbe es
nur den Kampf. Die Regeln der Gerechtigkeit gleichen der
Grammatik, denn sie sind klar bestimmbar und nachvollziehbar; wer sie nicht einhält, begeht Fehler. Anders verhält es sich
mit den Regeln der Tugend. Sie zielen auf Vollkommenheit –
und lassen sich eben deshalb nicht genau angeben. Sie bleiben
notwendig vage, gleich den Hinweisen, die der Ästhetiker gibt,
wenn er zeigen will, wie Eleganz und Erhabenheit entstehen.
Wohlwollen und Wohltätigkeit, verstanden im moralischen
ebenso wie im ökonomischen Sinne, verzieren das legalistische
Fundament. Sie verschönern eine im Prinzip bereits funktio-
nierende Gesellschaft. Doch weil sie eben eher zum Schmuck
als zur Grundausstattung gehören, weisen sie auf die höheren
Bereiche der Vervollkommnung des Einzelnen ebenso wie der
Gesellschaft. Wie der Ästhetiker strebt der tugendhafte, beste
Mensch nach Vollkommenheit:

«Es ist nicht die Liebe zu unserem Nächsten, es ist nicht die
Liebe zur Menschheit, was uns in vielen Fällen zur Betätigung
jener göttlichen Tugenden antreibt. Es ist eine stärkere Liebe,
eine mächtigere Neigung, die in solchen Fällen im allgemeinen
eingreift: die Liebe zu allem, was ehrenwert und edel ist, das
Verlangen nach Größe, Würde und Erhabenheit unseres Charakters.»[9]

Ausgerechnet die Sympathie, die für Hume so wichtig gewesen war, erscheint hier zwar als wichtiges, aber nicht als zen-
trales Motiv für den besten Menschen. Der Grund liegt in der
Sache selbst: Für Smith ist die Sympathie anfällig, nicht geeignet, den Menschen zur moralischen Vollkommenheit zu füh-

ren. Denn die Menschen neigen immer dazu, vor allem sich selbst und erst dann den anderen zu sehen. Nur eine erhabene Liebe appelliert an das Beste im Menschen: die Liebe zur Vollkommenheit.

Seinem Ziel der Vollkommenheit nähert sich der Mensch mit Hilfe des «unparteiischen Zuschauers». An diesem ist beides wichtig: sowohl die Unparteilichkeit als auch die Position des Zuschauers. Er fühlt sich zwar mit Hilfe der Sympathie in sein Gegenüber ein, aber er wahrt zugleich Distanz, Distanz gegenüber dem anderen und gegenüber den eigenen Gefühlen. Seine Sichtweise neutralisiert das Eigeninteresse, die Eigenliebe und ermöglicht Vervollkommnung. Der «unparteiische Zuschauer» erweist sich als dritte, eigenständige Person, die in einem moralisch besserungswilligen Selbst urteilt und wirkt.

Dieser «unparteiische Zuschauer» ist nicht leicht für seine Umwelt zu erwärmen, jedenfalls nicht, wenn sie seinen moralischen Vorstellungen nicht entspricht. Er relativiert Humes Prinzip von der gegenseitigen Sympathie. Zwar bleibt es bei Humes Verständnis des menschlichen Miteinanders, das auf Sympathie beruht, doch zieht Smith dem Miteinander auch Grenzen: Bettler etwa verachtet sein «unparteiischer Zuschauer». Er nimmt sie als zudringlich wahr und lässt Mitleid nicht zu. Denn Bettler appellieren allein an das Wohlwollen und sind in den Augen des tätigen Menschen, des Bürgers Schmarotzer. Anders verhält es sich mit dem unverschuldeten Fall eines würdigen Menschen. Sein Unglück ruft Mitleid hervor, denn man kann sich selbst leicht in seine Lage hineinversetzen. Mit anderen Worten: Die Sympathie Humes findet bei Smith ihre Grenze an der Vorstellung von moralischer Vervollkommnung.

Smiths moralisch ambitionierte Bürger, die nach eigener Vollkommenheit streben, leitet ein ästhetisches Bedürfnis zu sozialen Handlungen an, nämlich die Sehnsucht, im besten, schönsten, vollkommensten Gemeinwesen zu leben. Aus diesem Grund befördern sie die öffentliche Verwaltung und die Wohlfahrt:

«Von einer unsichtbaren Hand werden sie dahin geführt, beinahe die gleiche Verteilung der zum Leben notwendigen Güter zu verwirklichen, die zustandegekommen wäre, wenn die Erde zu gleichen Teilen unter alle ihre Bewohner verteilt worden wäre; und so fördern sie, ohne es zu beabsichtigen, ja ohne es zu wissen, das Interesse der Gesellschaft und gewähren die Mittel zur Vermehrung der Gattung.»[10]

Die berühmte «unsichtbare Hand» wirkt unbewusst, als quasi-deistische Vorsehung zum Guten. Sie gehört nicht in das Reich der Absichten, sondern ihr Wirken ist bloßer Effekt der eigenen, ästhetisch motivierten Suche nach Vervollkommnung. Im *Wohlstand der Nationen* entfällt die ästhetische Begründung, doch der Kern des Arguments bleibt gleich: Bei all seinen Investitionsentscheidungen, gleich ob im In- oder im Ausland, ist der Einzelne «von einer unsichtbaren Hand geleitet, um einen Zweck zu erfüllen, den zu erfüllen er in keiner Weise beabsichtigt hat.»[11] Denn er befördert – geleitet durch die «unsichtbare Hand» – das Gemeinwohl. Smiths Ethik erweist sich als optimistische Ethik, die auf ein (ästhetisches) Optimum, auf Vervollkommnung, auf das Beste zielt. Ihre Träger sind bürgerliche Helden, die sich und ihre Umwelt auf das höchste Gut ausrichten.

Allen Unterschieden zum Trotz erweisen sich die anthropologischen Ansätze der Schotten als von der Natur des Menschen her motiviert. Sie glauben an eine Anlage des Menschen hin zum Besten: im Sinne des «moralischen Sinns», der Sympathie oder der heroischen Selbstorientierung. Gottgegebene

Naturanlage und Sozialisation ergänzen sich. Dabei geht Hutcheson von einem unvermittelten Wirken des Guten aus, Hume hingegen lässt die positiven Neigungen sich erst im Zusammenleben mit anderen entwickeln, und Smith schließlich wählt ein Balance-Modell, in dem der individuelle Egoismus und das Gemeinwohl durch das Streben nach Vollkommenheit miteinander zusammenfallen.

Rousseau wiederum setzt so unmittelbar an wie Hutcheson – und geht zugleich über diesen hinaus. Er bestreitet den positiven Wert der Sozialisation und formuliert einen neuen Gegensatz: Entweder werde das Individuum zum Menschen oder zum Bürger erzogen. Rousseaus anthropologischer Optimismus findet seine Grenzen an einer Gesellschaft, die er als einengend wahrnimmt, als Verrat am optimistischen Ideal des Menschen. Optimistisches Menschenbild und negative Gesellschaftstheorie kollidieren miteinander. Und einen wichtigen Anstoß dazu gibt Voltaires Optimismus-Kritik.

Selbstliebe für das Gemeinwohl: Rousseau

Mit dieser hat Rousseau sich ausführlich auseinandergesetzt. Am 18. August 1756, anlässlich des *Poëme sur le désastre de Lisbonne*, schreibt er einen langen Brief an Voltaire. Aus der selbstverordneten Einsamkeit wendet er sich an den fernen Bruder im Geiste, schmeichelt Voltaire, spricht von den vielen Gemeinsamkeiten, von den Schönheiten seines Gedichtes – und kommt doch schnell zum Punkt: Die Optimismus-Kritik des *Poëme* missfällt ihm zutiefst. Voltaire richte sich gegen Gottes Vorsehung und mache sich mit den minderwertigen Philosophen gemein, die typischerweise klagten, «dass alles verloren ist, wenn sie Zahnschmerzen haben oder arm sind».[12] Das Schlechte nämlich liegt aus der Sicht Rousseaus gerade nicht in Gott, seiner Schöpfung und Vorsehung, sondern allein im freien, zivilisierten Menschen mit seinen Launen, Egoismen und Gewohnheiten. Angesichts dieser Fehlleistungen des Menschen tröstet sich Rousseau mit dem Optimismus Popes, gegen den sich Voltaire in seinem Gedicht wendet. Genau genommen predigte Pope nicht einfach, dass alles gut sei, sondern seine Lehre lautet mit den Worten Rousseaus: «Das Ganze ist gut, oder alles ist gut für das Ganze.»[13] Das Ganze, die Schöpfung, steht im Vordergrund; das individuelle Wohl und Wehe ist dabei sekundär. In der – harschen – Auseinandersetzung mit Voltaire unterstützt und bekräftigt Rousseau den universellen Optimismus.

Mit seinem Erziehungsbuch *Émile* (1762) ergänzt Rousseau diesen um einen anthropologischen Optimismus. Das Buch liest sich wie ein optimistischer «Anti-Candide». Doch zunächst einmal heißt es: «Alles ist gut, wie es aus den Händen des Schöpfers kommt; alles entartet unter den Händen des Menschen.»[14] Mit diesen Donnerworten beginnt der Roman. Er setzt in Form einer essayistischen und erzählenden Pädagogik um, was Rousseau im Brief an Voltaire entwickelt hat. Rousseaus «Alles ist gut» zitiert Pope und entwickelt ihn im Sinne der eigenen Überlegungen aus dem Jahr 1756 weiter: Alles ist eben nicht einfach gut, sondern es ist gut, weil es Gottes Werk ist. Die einzige Bedrohung entsteht durch den Menschen selbst, den Menschen nach dem Sündenfall.

Hier setzt das Anliegen des *Émile* an: Der Mensch ist gut, ja makellos geboren, von Gott mit allen Gaben ausgestattet, die er für ein glückliches Leben braucht – mit Liebe und Gemeinsinn, mit wohlverstandener, die Gemeinschaft einschließender

Selbstliebe und nicht bloß mit egoistischer Eigenliebe. Diese Liebe ist so stark wie der «moralische Sinn» Hutchesons und profitiert auch von ihm. Erst die Gesellschaft, die Stadt, die öffentliche Erziehung verderben den liebenden Menschen zum Bürger, zum «Sklaven» der Gesellschaft, der nicht mehr Mensch sein kann, sondern vordringlich Pflichten erfüllt oder ehrgeizigen Zielen nachstrebt.[15] Es ist die Aufgabe der Pädagogik, diesen Degenerationsprozess aufzuhalten oder umzukehren – im Sinne einer Befreiung des Menschen zu seiner eigenen guten Natur.

Vor dem Hintergrund dieser Überlegungen wird aus dem leidenden Anti-Helden Candide der glückliche Held Émile. Émile kennt seine natürlichen Eltern nicht. Er wächst fernab von der Gesellschaft bei seinem Erzieher auf, der mit dem Erzähler seines Werdegangs identisch ist. Anders als Pangloss im *Candide* erweist sich Émiles Lehrer als vorbildhafter Pädagoge, als sensibler Leiter seines Zöglings. Sein Schüler ahmt das Vorbild nach. Er lernt, auf das Wesentliche zu achten: auf einen gesunden Körper, einfache, gesunde Nahrung, eine klare und verständliche Sprache. Er härtet sich ab, physisch wie moralisch. Kalte Bäder und ein hartes Bett erziehen ihn zu genügsamem Verhalten. Émile kontrolliert seine Bedürfnisse und Vorstellungen, sein Mitleid mit Schwächeren, lässt sich nicht von Genüssen, Geld, Tand, Ämtern und Autorität verführen, sondern bleibt ‹er selbst›. Sein Geschmack und sein Urteil sind an der Natur gebildet, und er lernt die Kunst, unwissend zu sein, zu fragen, nicht zu lehren. Ihm entspricht als natürliches Gegenstück nicht die adelige Cunégonde, sondern die herzensgute selbstbewusste Sophie. Émile, der beste Mensch, ist ein starker Mensch, natürlich, nicht korrumpierbar, unabhängig, edel, heldenhaft.

Der universalistische und anthropologische Optimismus Rousseaus endet jedoch, anders als erwartbar, nicht vor der Schwelle der Gesellschaft. Vielmehr durchdringt er – als sozialer und politischer Optimismus – sogar diese. Dieser Optimismus gründet sich auf einer alten, ursprünglich theologischen Überlegung, die in Nicolas Malebranches *Traité de la Nature et de la Grace / Abhandlung über die Natur und die Gnade* (1680) philosophische Gestalt angenommen hatte: der Überlegung nämlich, dass es einen Gemeinwillen gibt, der mehr ist als der Einzelwille.[16] Dieser Gemeinwille ist der Wille Gottes, der sich in all seinen Handlungen äußert und die beste Ordnung der Schöpfung garantiert, wie Leibniz sie in seiner *Theodizee* verteidigte.

Rousseau aber säkularisiert Gottes Willen: Im *Émile* und im *Gesellschaftsvertrag* (1762) macht er aus ihm den politischen Willen des gesamten Volkes. Dieser Gemeinwille umfasst mehr als den Willen seiner einzelnen Mitglieder, und er drückt sich im Gesellschaftsvertrag aus, der Regierung und Volk aneinander bindet. Der moralische Grundimpuls zu diesem Vertrag geht vom Volk aus, vom Landvolk vor allem, dem Volk, das Rousseau als natürlich und ursprünglich begreift. Vereinigt im Gemeinwillen übernimmt das Volk die Rolle Gottes. Die Behörden sind bloß ausführende Organe seines säkularen Gemeinwillens, der es auf Erden dem Schöpfer gleichtun und die beste aller Welten herbeiregieren will.

Damit schließt sich der Kreis: Auf Erden ist Leibniz' allwissender, allgütiger, allmächtiger Gott durch einen neuen Souverän, durch den guten Menschen abgelöst. Er kommt en masse daher, im Volk. Die Empörung gegen die Konsequenzen dieses anthropologischen Optimismus mit seiner Neigung zur Demokratie und zur Begeisterung für die gute Natur ist groß, größer noch als im Fall von Leibniz' *Theodizee*: Rousseaus Schriften werden zensiert, kommentiert, parodiert – und doch auch ernsthaft diskutiert. Zu den Gelehrten, die sich mit Verve sowohl für Leibniz als auch für Rousseau interessierten, zählt Christoph Martin Wieland. Er legte eine eigenwillige Anthropologie in Romanform vor, die sich sowohl aus dem Optimismus als auch aus dem Skeptizismus speiste.

Von allem das Beste: Wieland und sein *Agathon*

Der junge Philosoph und Schriftsteller Wieland gehörte zu den entschiedenen Verteidigern von Leibniz. Als die Berliner Akademie im Jahr 1755 den vergleichsweise unbekannten Philosophen Adolph Friedrich von Reinhard für seine Schrift gegen den Optimismus auszeichnete, griff Wieland sofort empört zur Feder. Reinhards Polemik, die Idee von der besten aller Welten sei eine bloße Schimäre, galt Wieland als dreist, dumm und weltfremd. Reinhard müsse doch akzeptieren, dass man in einer Welt lebe, die Gott in Allweisheit, Allgüte und Allmächtigkeit gewählt hat. Wieland sparte nicht mit Gegenpolemik, um das skeptische Gift Reinhards unwirksam zu machen. Den Schweizer Freunden und Freundinnen berichtete er von der «Lauge», die er «über Adolph Friedrich Reinhards Haupt» gießen wollte.[17]

Wieland hatte dabei nur ein Problem: die Akademie, die sich mit ihrer Autorität und ihrem gesammelten Gelehrtenwissen für die verachtete Schrift ausgesprochen hatte. Um dieses Problem zu umgehen, wählt er eine so trickreiche wie durchsichtige Argumentationsstrategie: Er unterstellt der Akademie, die Schrift nur deshalb ausgezeichnet zu haben, weil sie die

schlechteste aller eingesendeten gewesen sei und damit zum
Negativexempel tauge. Die Preisverleihung entpuppt sich, so
betrachtet, als «lehrreicher Spaß», als ironischer Umweg zu
den eigentlichen Absichten und Ansichten des gelehrten
Deutschland.[18]

In den 1760er Jahren kommt für Wieland zum Problem
des universalistischen Optimismus das des anthropologischen
hinzu: Er rezipiert sowohl die schottische Moralphilosophie als
auch Rousseau. In der Form von satirischen Erzähltexten setzt
er sich mit dem *Émile* auseinander und entwickelt seine eigenen
Anschauungen über den Menschen. Zugleich beginnt er mit
großen Romanprojekten: Sein *Agathon* wird bis in die Weimarer Klassik hinein zum Musterbuch des 18. Jahrhunderts.

Mit ihm legt Wieland eine Geschichte vor, die er im Laufe
seines Autorenlebens immer wieder neu und anders erzählt.
Der Roman handelt von einem ausgesprochen begabten optimistischen Jüngling, der auszieht, die Welt zu verbessern. Der
Schwärmer endet als Bürger des Städtchens Tarent – ehrbar,
aber ehelos, desillusioniert und doch engagiert für die Belange
des kleinen Gemeinwesens – eine ebenso dramatische wie
lehrreiche Geschichte. Denn der Text stellt sowohl epochen-
typische als auch überzeitliche Grundfragen: Wie wird ein besonders begabter Mensch mit sich und der Welt glücklich? Und:
Ist diese Welt gut oder schlecht (oder beides)? Zweitens führt
Wieland verschiedene strittige Antworten auf diese Fragen vor.
Und drittens entscheidet er sich für keine dieser Antworten.

Der Roman verändert sich unaufhörlich: Die verschiedenen
Fassungen aus den Jahren 1766/67 bis 1794 drücken die zuneh-
mende Skepsis seines Autors aus.[19] Er ist keine «Schwärmerkur», an deren Ende der hart geprüfte, durch Erfahrung ge-
reifte, «ganze Mensch» stünde, wie ihn dann später der deutsche

Bildungsroman mit seinem Glauben an den der Vollkommenheit fähigen Menschen vorführt. Agathon fügt sich zwar einigermaßen in die bürgerliche Weltordnung ein, aber zugleich bleibt ein Ungenügen, das dem Bildungsenthusiasmus zuwiderläuft.

Wichtig für Wielands Roman ist einer der Zentralbegriffe aus der Optimismus-Debatte, der Begriff der Harmonie, der schon bei Leibniz eine tragende Rolle gespielt hatte und nach ihm erheblich erweitert, verändert, umgedeutet worden war. Wielands Figuren streben nach Harmonie, nach der Harmonie der Himmelssphären, der Menschen, der Seele.

Aber Wieland stellt solche Harmonie auf die Probe und lässt sie vor allem ex negativo, aus ihrem Gegenteil heraus erfahrbar werden: auf dem Weg der Disharmonie, des Nicht-Versöhnlichen, Widersprüchlichen. Dennoch bleibt es beim Ideal der Harmonie, das Wieland – in optimistischer Tradition – als eine Möglichkeit für das Verständnis von Kosmos und Mensch wachhält.

Harmonie ist im *Agathon* etwa gleichbedeutend mit Kalokagathia, dem antiken Ideal der Schöngutheit, wonach sich Schönes und Gutes notwendig miteinander verbinden. Die Schöngutheit war Wieland und seinen Zeitgenossen durch Johann Joachim Winckelmanns *Gedanken über die Nachahmung der Griechischen Werke in der Malerey und Baukunst* aus dem Jahr 1755 bekannt. Winckelmann erörtert hier, dass die griechischen Künstler beabsichtigten, ihr Modell schöner und vollkommener darzustellen, als es ursprünglich war, es also zu idealisieren, um die charakterlichen Qualitäten, das Gute im Menschen herauszustellen. Schönes und Gutes, so Winckelmann, gehen notwendig miteinander einher, denn im äußerlich Schönen zeige sich das innerlich Gute. Dieser Begriff der Kalokagathia wurde zur zentralen Formel für die damalige Auffassung von Kunst und Moral der Antike.

Im *Agathon* versuchen zahlreiche Figuren, Winckelmanns Schöngutheit zu entsprechen: An der Spitze steht Apoll selbst, der Gott des Orakels von Delphi. Aber auch der ‹irdische Apoll› Agathon trägt seinen Namen nicht umsonst. «Tò agathón» meint das Gute, die Wohltat, die Gefälligkeit. Agathon erscheint damit als schöner Jüngling, der in besonderer Weise mit dem Guten im Bunde steht und dem Körperlichen feind ist. Nur mit List kann die schöne Hetäre Danae ihn zu körperlicher Hingabe überreden. Als sie sich durch Agathon getäuscht sieht, gibt sie ihre weltlichen Güter auf und widmet sich unter dem Namen Chariklea dem Wohl anderer. Deshalb wird sie erst recht zur Personifikation der Schöngutheit.

Es bleibt nicht bei dieser einen Täuschung. Der Priester Theogiton hat sich als Apoll verkleidet. Er verfolgt zwei Ziele: Erstens will er Agathon für die delphischen Geheimnisse gewinnen und zweitens zum Beischlaf überreden. Auch Pythia, als Priesterin des delphischen Orakels an sich auf Reinheit und Keuschheit verpflichtet, begehrt den schönen Agathon. Und Agathon selbst ist eine durchaus schillernde Verkörperung der Schöngutheit, wie der fiktive Herausgeber des Romans in der Fassung von 1773 bemerkt: Der *Agathon* solle gerade nicht das Ideal der Kalokagathia veranschaulichen. Es gehe vielmehr darum zu prüfen, wie weit es ein Sterblicher von Agathons «Sinnesart» in den Vollkommenheiten bringen könne.[20] Diese Versuchsanordnung ist biographischen Romanen wie Claude-Prosper Jolyot de Crébillons *Les égarements du cœur et de l'esprit / Die Verirrungen des Herzens und des Geistes* (1736–1738), Henry Fieldings *Tom Jones* (1749) und Laurence Sternes *Tristram Shandy* (1757–1769) abgeschaut. Sie erlaubt es Wieland, sich kritisch mit der Schöngutheit, dem harmonisierenden Antike-Bild Winckelmanns auseinanderzusetzen: Denn der lebensgeschichtliche Versuch widerlegt Winckelmanns Überzeugungen: Schönes und Gutes kommen in Agathons Leben eben nicht zur Deckung. Schönes erweist sich zumeist als Täuschung, und scheinbar gute Handlungen lenken nur von den strategischen Zielen der Handelnden ab. Und sicher hat Wieland um die antiken Ursprünge der Kalokagathia gewusst: Der Begriff meinte nämlich zunächst nicht mehr als Vortrefflichkeit – eine Eigenschaft, die sich die Sophisten ebenso wie die Snobs in Athen zuschrieben und die in der Komödie verspottet wurde.

Wie weit bringt es Agathon tatsächlich in den Praktiken der Vortrefflichkeit? Archytas, der Herrscher von Tarent, steht für eine «vollkommne Harmonie aller Kräfte und Bewegungen», die Harmonie von Weisheit und Tugend.[21] Agathon erscheint er deshalb als leuchtendes Vorbild. Er ist der ausgeglichene, harmonische, der mittlere, «allgemeine Mensch», der Weise.[22] Aber sein harmonisches Leben ist durch einen Mangel an Einbildungskraft und Leidenschaft erkauft. Agathon hingegen steckt voller Einbildungskraft und Begeisterungsfähigkeit. Und alle Rollen, die er annimmt, dienen bloß als temporäre Verkleidungen seiner allzu menschlichen Anlage – Agathon, so heißt es im Roman, ist «ein andächtiger Schwärmer, ein Platonist, ein Republicaner, ein Held, ein Stoiker, ein Wollüstling».[23] Aus seinem Rollenspiel lernt Agathon aber so recht nichts. Er erscheint vielmehr – mit einem Bild der zeitgenössischen Seelenlehre – als leere Tafel, auf die sich Beliebiges schreiben lässt.[24] Die Schwärmerkur gelingt nur äußerlich: Als Bürger Tarents fügt sich Agathon zwar in das Gemeinwesen ein. Sein Enthusiasmus schleift sich am Mühlstein der Erfahrung ab, doch ohne dass sich Agathon in einem großartigen Sinne änderte.

Wielands Roman erzählt keinen «Bildungsgang», sondern nur eine gemäßigte Geschichte von der Mäßigung seines Helden.[25]

Der *Agathon* berichtet also von Harmonie, jedoch unter Vorbehalt, denn die Harmonie weist Brüche auf. Und dennoch gibt sie nach wie vor die Folie für den Roman ab. Optimismus und Skeptizismus, sie beide werden im Roman erprobt. Das Urteil bleibt am Ende dem Leser überlassen. Wieland weiß, dass er seine Interessenten nicht mit vorgefertigten Lehren, gleich ob skeptischer oder optimistischer Couleur, langweilen darf.

Sein Roman steht in der Tradition des universalistischen und anthropologischen Optimismus, grenzt sich aber gegen diesen ab, indem er beide Modelle nur mehr als Denkmöglichkeiten betrachtet. Zugleich aber bildet er einen scharfen Kontrast zu einem Denken, das sich zeitgleich entwickelt und das 19. Jahrhundert bestimmen wird: Gemeint sind die Geschichtsphilosophie und andere Formen des teleologischen Denkens.

IV. Das gute Werk, das beste Ziel: Teleologischer Optimismus

Der teleologische Optimismus, der Glaube, dass sich alles auf einen Zustand der Vollendung hin entwickelt, ist ein Problem, vielleicht sogar eine Gefahr für die Wahrnehmung von Geschichte und Gegenwart. Darüber sind sich Denker der verschiedensten Richtungen einig.[1] «Telos» meint Ende, Zweck, Ziel oder sogar Vollendung und «Logos» Wort, Vernunft oder Lehre.[2] Es ist die Annahme eines allmächtigen Prinzips, welche die Teleologie so schwierig macht. Denn wenn ein solches Prinzip ein Ziel und eine innere Logik aufweist, dann entfaltet es – tatsächlich oder auch nur der Idee nach – eine Dynamik, die nicht umkehrbar ist, die quasi-maschinell abläuft, unsensibel für gegenläufige historische Prozesse, soziale Veränderungen, menschliche Schicksale.

Erstens ist fraglich, ob ein solches Prinzip in der Wirklichkeit tatsächlich vorkommen kann. Zweitens war schon immer strittig, welches Ziel das richtige sein könnte. Und drittens darf bezweifelt werden, dass ein teleologisches Prinzip die Wirklichkeit angemessen erfasst. Es ist vielmehr eine philosophische Fiktion, die nichts erklärt. Anschaulich, aber unwissenschaftlich, notierte Kant deshalb über die Teleologie.[3] Die Naturwissenschaften des 19. Jahrhunderts verstärkten dieses Urteil durch ihre Erkenntnisse, und spätestens Darwin machte dem Teleologie-Glauben mit seiner Rede vom «survival of the fittest» den Garaus. Denn die Entwicklung der Natur folgte nun nicht mehr einem vorgegebenen Ziel, sondern ergab sich aus den Überlebenskämpfen zwischen Stärkeren und Schwächeren. Trotz dieser heftigen Kritik schon im 19. Jahrhundert wurde das Denken dieser Zeit gern mit dem Kampfbegriff «Fortschrittsoptimismus» attackiert und aus einem Aufklärungsdenken erklärt, das sich seit dem 18. Jahrhundert unaufhörlich Bahn gebrochen habe.[4] Max Webers Diktum von der «Entzauberung der Welt», Foucaults «Überwachen und Strafen» – sie alle gehen auf die Kritik eines solchen Fortschrittsoptimismus zurück.

Auf eine ganze Reihe von Ansätzen in Philosophie und Wissenschaft trifft diese Kritik tatsächlich zu: Ansätze, die von einer unendlichen Perfektibilität des Menschen, der Gesellschaft und der Wissenschaft ausgehen, die Leibniz' gemäßigte Annahmen über die Vervollkommnungsfähigkeit der Menschen also noch überbieten. Zu ihnen zählt beispielsweise die Philosophie Hegels. Sie vertritt einen teleologischen Optimismus in Reinform, obwohl sie ihn nicht so nennt. Doch schon im Falle von Marx wird es schwieriger: Ist der Ruf nach der kommunistischen Revolution tatsächlich als optimistisch zu verstehen? Dieses Kapitel stellt zunächst Hegel als Idealtypus eines teleologischen Optimismus vor, konzentriert sich dann aber auf die Problemkandidaten, die man nicht ohne weiteres unter einen teleologischen Optimismus subsumieren kann: auf Marx und Darwin.

Das Vernunft-Optimum: Hegel und der Weltgeist

Hegel muss ein witziger Redner gewesen sein. Jedenfalls berichten dies seine Schüler – und beklagen sich umso mehr darüber, dass er den Humor aus seinem System systematisch getilgt hat. Dort fällt der Humor dem absoluten Bewusstsein zum Opfer: Wo alles Geist wird, hat der Humor keinen Platz. Denn Humor spielt mit Gegensätzen, Widersprüchen, Abseitigkeiten, mit denen im Absoluten nun einmal Schluss ist, jedenfalls nach Hegel.

Wie aber will dieser Denker des Absoluten die Welt von ihren unvollkommenen Gegensätzen reinigen? Wie soll sie zu einem absoluten Endpunkt emporstreben? Hegel stellt sich die Welt und ihre Geschichte in Sphären und Stufen vor, die in einen reinen Ideenhimmel, einen Himmel auf Erden, führen. Im Laufe der Geschichte schreitet der Geist diese Stufen hinauf: Er arbeitet an seinem eigenen Begriff, am Wissen über sich selbst und hebt alles andere mit empor. Dabei hilft ihm die «List der Vernunft».[5] Sie erreicht ihr Ziel und dasjenige des Geistes nämlich auch gegen den ausdrücklichen Willen der Menschen. Als unsichtbare Macht manipuliert sie gleichsam die Interessen und Leidenschaften der Erdenbewohner im Sinne ihres geistigen Zieles: der Freiheit ihrer selbst, der Menschen und der Welt.

Die Stufen der Entwicklung folgen einer dialektischen Ordnung, die in allen Bereichen des Lebens mehr oder minder gleichförmig ist: dem berühmten Dreischritt von These, Antithese und Synthese. Dabei ist das eine jeweils schon in den Widersprüchen des anderen enthalten. Denken und Welt entwickeln sich dynamisch weiter. Die Antithese ergibt sich aus den Widersprüchen der These; die Synthese aus den Gegensätzen beider. Alles Seiende ist nämlich für Hegel vernünftig, aus dem Logos abgeleitet – und das Vernünftige ist wirklich, weil es nur so von der Vernunft erkannt werden kann. Denken und Sein sind also letztlich identisch. Doch gibt es Stufenfolgen, denn das Sein ist dem Dasein unterlegen. Das Dasein gilt als Reflexion des bloßen Seins. Als höchstes Sein erscheint schließlich der absolute Geist, der sich objektiv in der Kunst, subjektiv als Religion und subjektiv-objektiv, also umfassend in der Philosophie darstellt.

Hegel nutzt diese Dreiteilung, um alle Ordnungssysteme der Gesellschaft zu vermessen: von der Logik über die Anthropologie bis hin zu Recht, Kunst, Religion und Philosophie. Diese Bereiche sind wiederum intern dreigeteilt. Indem sie sich aber im Sinne der Vernunft fortentwickeln, repräsentieren sie den Geist auf den jeweiligen Stufen der Vervollkommnung seiner selbst.

In der Anthropologie etwa zeigt sich der subjektive Geist: die Seele. Diese durchläuft verschiedene Stadien. Zunächst ist sie eins mit der Natur, dem Klima, den Jahreszeiten, mit Nation, Temperament und Lebensart. Ein Bewusstsein von sich selbst erlangt der Geist erst auf den Stufen des Gefühls, der Wahrnehmung, des Verstandes und der Vernunft. Dabei übergibt die Anthropologie ihre Zuständigkeit zunächst an die Phänomenologie und schließlich an die Psychologie. Erst diese beschreibt den Geist als Intelligenz, Wille und Sittlichkeit.

Auf der Stufe des freien Willens ist der objektive Geist am Zug – und mit ihm das Recht. Das Recht wendet sich an das rechtsfähige Individuum, die Person. Ihr will es zu Freiheit verhelfen, indem es willkürliches Handeln beschränkt. Es gelten – als These – das Recht auf Besitz und das Recht auf Verträge.

Wer gegen diese Rechte verstößt, wird bestraft. Er negiert das Recht. Als Synthese erweist sich die Sittlichkeit. Hier vereinigt sich das sittliche Subjekt mit der sittlichen Substanz, wozu Hegel die Familie, die bürgerliche Gesellschaft und den Staat zählt. Diese gehen – wiederum dialektisch – auseinander hervor.

Subjektives und Objektives kommen aber erst in Kunst, Religion und Philosophie so recht zusammen; erneut durchlaufen sie die Stufenreihe zum Höchsten. Die Philosophie bestimmt das Schöne mit einem berühmten Bonmot als «sinnliches Scheinen der Idee»: Durch den sinnlichen Schein ermöglicht das Schöne ein unmittelbares Bewusstsein von Wahrheit im bloß Äußerlichen, im Stoff. Aus dem Verhältnis von Stoff und Idee oder Wahrheit entspringen die verschiedenen Kunstformen: die orientalische, die klassische und die romantische. Für die orientalische Kunst wiederum steht die Architektur, für die klassische die Skulptur, und die romantische repräsentieren Malerei, Musik und Poesie – die Poesie an erster Stelle. Sie vereinigt alle Formen in sich, entspricht als Reflexionspoesie dem neuen philosophischen Zeitalter und reicht auch in die Religion hinüber.

Es verblüfft wenig, dass auch diese dreigeteilt ist: in die religiöse Anschauung durch Kunst über die religiöse Vorstellung im Mythos bis hin zur Philosophie der Religion. Auch entwickelt sich die Religion in drei Stufen: über die Naturreligionen des Orients, die polytheistischen Religionen Griechenlands und Roms bis hin zum Christentum. Erst im Christentum sieht Hegel seine dialektischen Vorstellungen umgesetzt – in der Dreifaltigkeit: Der Vater steht für die objektive Religionsidee, der Sohn für die subjektive, und im Geist kehrt die göttliche Idee – subjektiv-objektiv – zu sich selbst zurück.

Das Absolute aber wird erst in der Philosophie erkannt. Sie verwandelt alles in Begriffe. Dabei schreitet sie von der abstrakten zur konkreten Erkenntnis fort, vereinigt endliches und unendliches Bewusstsein, führt zum Logos zurück, was vom Logos kam.

Hegels System beeindruckt. Es ist ein perfekter Entwurf, der die Welt in immer wiederkehrender, dynamischer Dreifaltigkeit erblickt. Sein Telos heißt absoluter Geist, der Begriff, der sich selbst realisiert. Offenkundig handelt es sich dabei um eine abstrakte Angelegenheit, die aber genau berechenbare Vorstufen und Entwicklungsformen kennt und den Menschen, das Recht, die Religion und die Kunst in all ihren Details durchdringt. Nichts entkommt dem Geist; alles muss sich durch ihn zum Absoluten hin bewegen. Hegels Modell speist sich aber nicht nur aus metaphysischen Erwägungen über den Sinn der Dreizahl, sondern auch aus militärischen Erfahrungen und einem prominenten ökonomischen Modell: Im Jahr 1806 konnte Hegel Napoleon in der Schlacht beobachten und schilderte ihn als «Weltseele» zu Pferde.[6] Er beherrschte alles, behielt die Übersicht. So stellt sich Hegel denn auch den Weltgeist vor: Er ist dynamisch und gibt wie ein Feldherr das Kommando vor. Zugleich erweist sich der Weltgeist – mit Adam Smith – als unsichtbare Hand der Geschichte. Unbeobachtet und mit Hilfe der Vernunft lenkt er die Geschicke aller zum absoluten Bewusstsein.

Mit der Wirklichkeit hat dieses Modell dem Anspruch nach viel zu tun: Es will sie ordnen, ihre Bewegungsgesetze erfassen. Doch ist die Konstruktion erstens zirkulär: Aus dem Logos folgt, was wieder Logos werden will. Zweitens ist die Fallhöhe zwischen absolutem Geist und Wirklichkeit erheblich. Und drittens erleidet die Wirklichkeit auf dem Weg zum Absoluten erhebliche Einbußen. Der Mensch emanzipiert sich im System Hegels zwar zur Freiheit – aber um den Preis seiner Menschlichkeit. Er befreit sich von sich selbst, seinen Leidenschaften, seinen Interessen, seinen Widersprüchen.

Hegel konstruiert eine Welt, die er für die wirkliche, gegenwärtige und die beste Welt des Gottes der Philosophen hält. Sie führt den teleologischen Optimismus bis zur Perfektion, denn Hegel setzt tatsächlich sein Vertrauen in den «Weltgeist», der alle Geschicke zu lenken und die Vernunft zu realisieren vermag. Die Gegenwart ist ihm der Endpunkt einer idealen, in gewisser Weise vorherbestimmten Entwicklung.

Eine Welt ohne Humor, Leidenschaft und Interesse aber kann unmöglich die beste aller möglichen Welten sein, das wusste schon Leibniz. Er traute seinem christlichen Gott zu, Vernunftphilosophie und Menschlichkeit zu vereinen: im Sinne einer grundsätzlich optimalen Wirklichkeit, in jeder Epoche und jedem sozialen Entwicklungsstadium. Leibniz' Mensch sollte sich zwar bessern, aber er durfte, musste Mensch bleiben – mit all seinen Unvollkommenheiten.

Hegels System wirkt demgegenüber faszinierend, erhebend, aber zugleich auch grotesk, opulent in seinen philosophischen Spekulationen. Die Zeitgenossen des frühen 19. Jahrhunderts waren zwischen diesen Eindrücken hin- und hergerissen, so auch der Student Karl Marx. Er versuchte, Hegel zu entrinnen – und endete als überzeugter Linkshegelianer. Marx deutete Hegels Dialektik einerseits im Sinne einer materialistisch gedachten Wirklichkeit um, andererseits aber entzog er einem Optimismus mit menschlichem Antlitz jede Grundlage: Marx zielte auf Revolution, auf den Neuen Menschen, eine utopische Zukunft.

Das soziale Optimum? Marx und die Revolution zum Stillstand

Einem Bonmot zufolge wollte Marx Hegel vom Kopf auf die Füße stellen, um seinem Denken auch in der Wirklichkeit gerecht werden zu können. Dieses Bonmot zeigt zweierlei: zum einen die enge Abhängigkeit der Marxschen Philosophie von derjenigen Hegels, zum anderen den sozialen Impetus, mit dem Marx diese Philosophie betrachtete. Und so wurde aus Hegels Dialektik die Realdialektik, aus dem Idealismus der historische Materialismus, aus der spekulativen Philosophie der Dreiheit eine schlichter angelegte Erlösungsphilosophie. Marx behielt die Denkstrukturen des Lehrers bei, zielte aber darauf, Theorie und Wirklichkeit unmittelbar miteinander zu verschmelzen – ein Versuch, der dem Lehrer als dubios erschienen wäre und der damit zugleich hinter Hegel zurück- und über ihn hinausging.[7]

Während alles Seiende für Hegel Geist ist, setzt Marx die Materie an seine Stelle. Es ist eben das Sein, das das Bewusstsein bestimmt – und nicht umgekehrt.[8] Die Menschen entwickeln sich danach gerade nicht hin zum Geist, sondern entfernen sich von ihm: Gegen ihren Willen lassen sie sich auf die jeweils historisch gegebenen Produktionsverhältnisse einer Gesellschaft ein. Tagelöhner des mittleren 19. Jahrhunderts etwa haben keine Wahl. Um ihre Existenz zu sichern, müssen sie unter unmenschlichen Voraussetzungen in den Webereien Manchesters oder Schlesiens arbeiten. Ihr Bewusstsein von der eigenen Situation oder vom eigenen Sein ist beschränkt, weil sie täglich um ihr Überleben kämpfen. Ihnen fehlen Zeit, Muße und Kraft, um sich die eigene Misere zu vergegenwärtigen.

Als Produktionskräfte leiden die Tagelöhner unter den Produktionsbedingungen des aufstrebenden Kapitalismus. Das Kapital ist in den Händen weniger akkumuliert – und die vielen, das wachsende Heer der Proletarier, bekommen zu wenig davon ab, um in Würde leben zu können. Schuld daran ist ein Strukturmoment des Kapitalismus: der Umstand, dass der Unternehmer Mehrwert erwirtschaften will – und den Arbeiter deshalb nur mit dem Nötigsten entlohnt. Damit aber entfremden sich die Arbeiter von Produkt und Produktion. Sie lassen sich auf ihre Arbeit überhaupt nur ein, um sich selbst reproduzieren, das heißt um einen kargen Lebensunterhalt verdienen zu können. Darüber hinaus treten sie zwangsläufig in einen Wettbewerb miteinander, der den Menschen vom Menschen entfremdet. Aus diesem Spannungsverhältnis zwischen Kapital und Proletariat entsteht jene Energie, die zur Revolution führt.

Die bisherige Geschichte der Gesellschaft erscheint Marx vor diesem Hintergrund als Geschichte von Klassenkämpfen. Sie laufen auf einen Punkt zu: auf die bürgerliche, kapitalistische Gesellschaft mit ihren nur revolutionär zu lösenden Widersprüchen. Mit ihren Ansprüchen, ihrer Luxussucht produziert diese bürgerliche Gesellschaft ein Proletariat, das ihr dienstbar ist. Zugleich ruft sie damit die Geister, die sie zerstören wollen, weil sie nun ihrerseits Ansprüche entwickeln, Anteil am Wohlstand haben wollen. Soziale Gegensätze erscheinen als unaufhebbare Antithesen, und mit diesen endet auch schon der dialektische Schritt. Ein drittes, das diese Widersprüche auflösen könnte, den Hegelschen Staat, gibt es nicht. Marx versöhnt nicht, zielt nicht auf Synthese, sondern reißt die Klassenschranken ein. Als Ergebnis steht eine imaginäre klassenlose Gesellschaft, in der die Proletarier selbst über das Kapital und die Produktionsmittel verfügen wollen und sollen.

Marx wirkte propagandistisch auf diesen Endzustand hin: im *Manifest der Kommunistischen Partei* etwa, verfasst gemeinsam mit Friedrich Engels im Auftrag des Bundes der Kommunisten im Winter 1847/48. «Ein Gespenst geht um in Europa – das Gespenst des Kommunismus», so beginnt das Manifest.[9] Es ist der Anfang eines ideologischen Kriminalromans in satirischem Gewand. Die Autoren scherzen im Dienst der Sache, erklären den Kommunismus zu einer unsichtbaren gespenstischen Macht, die scheinbar Europas Seelenheil bedroht. Es gilt, den Kommunismus mit allen Mitteln der Detektivkunst zu jagen, will man den gesellschaftlichen Zustand der Unterdrückung und Ausbeutung erhalten. Doch weist die Satire ins Gegenteil. Auf der einen Seite stehen die guten Kommunisten, die im Besitz der einzig wahren Überzeugung sind – und vor denen sich die Bösen auf der anderen Seite fürchten: der Papst, der Zar, Metternich und die deutschen Polizisten. Wie ein Gespenst sucht der Kommunismus die feisten, selbstzufriedenen Gegner heim, lässt sie wehrlos und ohnmächtig das Weite suchen.

«Die Proletarier haben nichts in ihr [der Kommunistischen Revolution] zu verlieren als ihre Ketten. Sie haben eine Welt zu gewinnen. *Proletarier aller Länder vereinigt Euch!*», lauten die pathetischen Schlusssätze des *Manifests*.[10] Sie heben antithetisch an – um in einer verbalen Synthese zusammenzuschießen: im kommunistischen Schlachtruf. Die Ketten, Symbol für Gefangenschaft, und die Weite der Welt messen den Kosmos ab, um den es in dieser Revolution geht.

Man könnte geneigt sein, dieses Szenario als optimistisch zu beschreiben, denn Marx und Engels wollen das Selbstbewusstsein der Proletarier heben, aus der «Klasse an sich» eine «Klasse für sich» machen, eine Klasse, die nicht nur existiert, sondern die sich und ihre Lage kennt. Diese Klasse soll sich aus dem Joch ihrer Unterdrücker befreien und die Gesellschaft ihrer wahren materialistischen Bestimmung zuführen. Doch spricht einiges gegen die Einschätzung dieser revolutionären Gesinnung als optimistisch: Zwar liegt offensichtlich ein teleologisches Konzept vor, aber das Telos ist zunächst nur aus dem Gegenteil heraus definiert. Verzweiflung leitet Marx' Proletarier an, der Versuch, die etablierte Ordnung umzukehren. Außerdem zielen Marx und Engels nicht auf eine beste Welt, sondern auf ein künftiges Ideal. Sie schreiben utopische Literatur mit eschatologischen Obertönen. Die Religion des Christentums gilt Marx als «Opium des Volkes». Sie wird durch den Kommunismus überflüssig. Die kommunistische Revolution wirkt wie eine Medizin, die ihre Kinder in Trance versetzt.

Erlösungsphantasien wie diese sind bekannt: aus dem französischen Frühsozialismus ebenso wie aus der Literatur des «Jungen Deutschland», des Vormärz, also der Zeit vor 1848. Als besonders apartes Beispiel empfehlen sich die Essays und Vorlesungen des Berliner Literaturhistorikers und Philosophen Theodor Mundt. Er begeisterte sich für ein «neues Hellenenthum [...] des Geistes», will jeden Menschen als Künstler ernst nehmen, die Menschheit durch die künstlerische Utopie vergemeinschaften.[11] Sein Revolutionär tanzt auf dem Olymp, nicht als bester, sondern als gottgleicher Mensch. Er hält die Welt nicht für die beste und schreitet auch nicht fort zum Besseren, sondern greift nach den Sternen der Mythologie.

Erst die politischen Anverwandlungen des Marxismus und Sozialismus wirken wieder nüchterner und lassen sich auf irdischen Fortschritt und Besserung ein. Mit dem Tanz auf dem Olymp hat es ersichtlich nicht geklappt, also beschlagnahmen sie den Begriff des Optimismus für sich: Der Arbeiter sei Optimist, meinte der marxistische Publizist Franz Mehring (1846–1919) und forderte eine «optimistische» Kunst des Sozialismus. Und unter Stalin verordnete die Partei brutale Schönfärberei, brandmarkte Krankheit und Unglück als per se anti-kommunistisch und überholte die Happiness-Industrie Hollywoods im Staatskollektiv.[12] Aus den frührevolutionären Traumtänzern wurden Soldaten eines glücklosen Glücks. Die offiziell zur Schau getragene sozialistische Erlösung war ein totalitärer Dauerzustand. Im Privatleben der Untertanen des roten Zaren spielten sich die üblichen Dramen, das alltägliche Glück und eben auch das Unglück einer Gesellschaft ab, in der niemand vor politischen Säuberungen sicher war. All das folgte freilich nicht aus den idealen Vorstellungen des Marxismus, aber es war doch seine irdische Gestalt.

Das Fortschrittsoptimum? Darwin und der sogenannte Darwinismus

Wenn die Wissenschaft nach Erklärungen für die sogenannten Fortschrittsvorstellungen von Marx und seinen Anhängern sucht, fällt zumeist ein weiterer prominenter Name: Charles Darwin. Der Grund dafür ist zum einen der Umstand, dass Marx Darwin tatsächlich bewunderte. Zum anderen aber beruht die Verbindung auf einem Mythos: dem Mythos, Marx habe Darwin *Das Kapital* widmen wollen. Dieser Mythos geht auf einen Brief zurück, dessen Absender, Marx' Schwiegersohn, schlicht mit Marx verwechselt wurde. Marx selbst schickte Darwin aber nur ein Exemplar des *Kapitals* – und erhielt ein unverbindliches Dankesschreiben zurück.[13] Er verstünde nichts von politischer Ökonomie, schreibt Darwin, vertraue aber darauf, dass sie beide, Marx wie er selbst, für den Fortschritt der Wissenschaften und der Gesellschaft arbeiteten.

Wie schon in diesem Brief anklingt, ist Darwin, anders als Marx, in einem bestimmten Sinne Optimist. Doch in welchem? Darwin jedenfalls ging mit dem Begriff des Fortschritts so vorsichtig um, dass man ihm keinen rabiaten, schrankenlosen teleologischen Optimismus, sondern nur einen gemäßigten Optimismus zusprechen kann. Und dieser Optimismus erstreckte sich sowohl auf die Wissenschaft als auch auf die Gesellschaft.

Dabei rieb sich Darwin am unbegrenzt optimistischen Fortschrittsbegriff eines vermeintlichen Pessimisten: an der *Abhandlung über das Bevölkerungsgesetz* (1798) aus der Feder des britischen Nationalökonomen Thomas Robert Malthus. Malthus untersuchte den Zusammenhang von Bevölkerungswachstum und Lebensmittelproduktion, und zwar in praktischer und aufklärerischer Absicht. Vollmundig verspricht er, «die Ursachen [zu] erforschen, die bisher die Menschheit am Fortschreiten zum Glück verhindert haben; und [...] über die Möglichkeiten einer zukünftigen vollständigen oder teilweisen Beseitigung dieser Ursachen nach[zu]denken.»[14] Malthus setzt offensiv und fortschrittsoptimistisch an. Seine Analyse soll unmittelbar in Strategien münden, dem Übel abzuhelfen und das Glück zu befördern. Zweifel an der Tragweite der eigenen Analyse oder an der Umsetzbarkeit möglicher Strategien gibt es nicht. Malthus denkt einlinig, utilitaristisch.

Doch sein Bevölkerungsgesetz entpuppt sich als Bevölkerungsfalle: Das Wachstum der Produktivität kann dem Wachstum der Bevölkerung nicht standhalten. Während die Bevölkerung exponentiell wächst, steigt die Produktivität einer Gesellschaft nur linear. Kämpfe um Nahrung und Kriege um fruchtbares Land sind die Folge, und eine Besserung ist nicht

in Sicht. Auch effizientere Regierungsformen und Wohlfahrtseinrichtungen können die Lage nicht entschärfen. Malthus
schlägt deshalb rigide Maßnahmen vor: Enthaltsamkeit und die
Abschaffung der Armenfürsorge. Wer seine Kinder nicht selbst
ernähren kann, soll fortan keine Unterstützung durch die
Gemeinde mehr erhalten und auf Almosen angewiesen sein.
Nur eine derart eingerichtete Gesellschaft wird, so Malthus'
Prognose, langfristig eine vertretbare Balance von Bevölkerungswachstum und Produktion erzielen können. Anders als gewöhnlich behauptet wird, glaubte Malthus fest an die Richtigkeit und
die Wirkungsmöglichkeit der eigenen Analyse: Wenn das Verhalten der Menschheit, so schreibt er am Ende seines Essays,
auch mit der wissenschaftlichen Erkenntnis nicht Schritt halten
könne – die Menschheit werde doch durch den wissenschaftlichen Fortschritt beeinflusst, weil sie an seinen Erfolgen teilhaben könne.[15] Aus dem wissenschaftlichen Fortschritt, so
Malthus' schlichte Logik, folgt unmittelbar die Besserung der
Lebensbedingungen, der Technik und der Zivilisation.

Was aus heutiger Sicht entschieden zu optimistisch wirkt,
faszinierte die Zeitgenossen, selbst solche wie Darwin, der aus
freidenkerischer Familie stammte und sich vehement gegen
Unterdrückungsinstrumente wie die Sklaverei und für die
Französische Revolution einsetzte.[16] Darwins Begeisterung für
Malthus verstärkte die eigene Wahrnehmung der Zusammenhänge zwischen Selektion, Überleben und Sterben. Malthus'
Gesetz schien ihm geeignet, die eigenen Beobachtungen aus
dem Tierreich wenn nicht zu erklären, so doch zu sortieren.
Darwin übertrug Malthus' Analyse auf das gesamte organische
Gebiet und beschrieb das Ergebnis als paradox: Man glaube
kaum, was in den friedlichen Wiesen und Wäldern vor sich
gehe – Kampf nämlich, ein endloser und unaufhaltsamer Kampf

um das eigene Überleben. Auf diesen Kampf aber konnte und wollte seine Wissenschaft – anders als Malthus' Bevölkerungstheorie – keinen Einfluss nehmen.

Dennoch wurde Darwins Evolutionstheorie in der Folge vorschnell mit Malthus' Auffassungen in eins gesetzt und als sozialdarwinistisch missverstanden. Darwin aber war kein Darwinist, der dem schieren Überleben des Durchsetzungsfähigsten das Wort redete. Vielmehr beschrieb er, was er beobachtete. Und diese Kennzeichnung trifft auch auf seine Aussagen zum Fortschritt zu. Was bei Malthus ungebrochen und positiv klingt, formuliert Darwin vorsichtiger, beinahe zögerlich. Der Fortschritt der Völker ist aus seiner Sicht «kein unabänderliches Gesetz».[17] Vielmehr fragt er historisch und empirisch, wie es zum Aufstieg einzelner Völker kommen konnte – und vermutet, dass die Gründe hierfür sowohl in der Rasse, der Zuchtwahl als auch im Intellekt liegen. Aber eine exakte Formel weiß er – wissenschaftlich redlich – nicht anzugeben.

Mit guten Gründen belässt er es in puncto Fortschritt im Ungefähren. Als wahrscheinlich nimmt er an, dass die Menschheit ursprünglich in einem Zustand der Barbarei gelebt hat, aus dem sie den Widerständen zum Trotz hervorstrebte. Theorien über eine nachhaltige Degeneration der Zivilisation, wonach der Mensch von der Hochkultur allmählich auf die Stufe des Affen sinke, erscheinen ihm als unwahrscheinlich: «Es ist offenbar eine richtigere und tröstlichere Annahme, daß der Fortschritt bei weitem den Rückschritt überwiegt, daß der Mensch, wenn auch langsam und in Unterbrechungen, sich aus dem niedrigsten Zustand zur heutigen Höhe seines Wissens, seiner Sittlichkeit und Religion erhoben habe.»[18] Darwins Auffassung über den anthropologischen Fortschritt ist folglich alles andere als teleologisch. Der Fortschritt erweist sich für ihn zwar als vergleichsweise dominierende Entwicklung, aber nicht als zwangsläufig wie bei Malthus. Im Gegenteil: Nicht nur ist der Rückschritt möglich, sondern der Fortschritt kann auch in Rückschritt umschlagen, wenn eine besonders hohe Stufe in der kulturellen Entwicklung erreicht ist.

Darwin stützt seine Einsichten auf empirische Beobachtungen: darauf, dass die Menschheit durch Unterricht, gute Beispiele und Reflexion zunehmend Kulturtechniken wie die der Urteilskraft entwickelt und ihre Empfindungen kultiviert habe. Eine besondere Rolle spielt dabei die Religion. Darwin meint damit den Glauben an einen allmächtigen, allweisen und allguten Gott: Diese Vorstellung nämlich habe Neugier, Wissensdrang und Einbildungskraft des Menschen in hohem Maße angeregt. Die Auffassung ist ebenso kontrovers wie Darwins biologische Evolutionstheorie. Denn seine Erklärung von Fortschritt aus dem Glauben an den allmächtigen, allweisen und allguten Gott setzt einen elaborierten Begriff von Religion voraus. Diese Religion ist selbst schon Ergebnis einer bestimmten zivilisatorischen Stufe. Sie unterscheidet den Menschen vom Tier – und kann nicht angeboren sein, sondern sich nur im Laufe der Phylo- und Ontogenese entwickelt haben. Religiösen Fundamentalisten war Darwins Auffassung ein Dorn im Auge, weil sie die Religion evolutionsbiologisch erklärt: Religion erfüllt im Prozess der Selektion offensichtlich eine bestimmte Funktion und erweist sich als Selektionsvorteil. Eine höhere metaphysische Wahrheit liegt ihr nicht zugrunde, sondern sie ist bloß Produkt der menschlichen Entwicklung. Darwin sah sich infolge dieser Überlegungen dem Verdacht der Gotteslästerung ausgesetzt.

Sozialreformer hingegen nahmen Darwins Schrift *Die Abstammung des Menschen* begeistert auf. Denn Darwin erklärte es deutlich und wissenschaftlich valide: Die Menschen gehören alle *einer* Art an. Sie sind von ihren Ursprüngen her gleich, unabhängig von Hautfarbe, Stand und Einkommen, und Unterschiede sind erst durch die Evolution entstanden. Diese Auffassung barg ein sozialkritisches Potential.

Der Tausendsassa Herbert Spencer, Ingenieur, Erfinder, Publizist und Philosoph in einer Person, entwickelte Darwins Ideen zu einem entschlossenen philosophischen Individualismus weiter. Dieser setzt beim Einzelnen an, fragt ausschließlich nach seinen Motivationen und achtet überkommene Moralvorstellungen nur wenig. Spencer wurde dafür vielfach als übelster aller Sozialdarwinisten beschimpft. Diese Kritik war wirkungsmächtig, weil sie die Grundfesten von Spencers Methodik betraf: Der Philosoph George Edward Moore warf Spencer vor, allzu vieles aus der vermeintlichen Natur des Menschen abzuleiten, also das zu begehen, was man einen naturalistischen Fehlschluss nennt. Richard Hofstadter, der das Standardwerk über den Sozialdarwinismus in Amerika schrieb,[19] betrachtete Spencer sogar als Ahnherren eines schrankenlosen amerikanischen Raubtierkapitalismus.

Moores Attacke war nicht unberechtigt, weil Spencer tatsächlich weitreichende Annahmen über den Menschen traf, die er aus ebenso weitreichenden und wenig belegten Annahmen über die menschliche Natur begründete. Spencer wollte jedoch gerade auch auf dem Gebiet der Ethik für Fortschritt sorgen, um den «halbcivilisierten Zustande» der Gesellschaft zu vollkommener Zivilisation zu führen.[20] Einen Raubtierkapitalismus hatte er dabei nicht im Sinn. Vorzuwerfen ist Spencer allenfalls, dass sein Glaube an den Fortschritt (wie bei Malthus) ungebrochen ist.

Wenn Spencer den Individualismus zum Ausgangspunkt seiner Philosophie nimmt, dann will er damit auf das evolutionäre Potential hinweisen, das im einzelnen Menschen liegt. Er erklärt dieses Potential aus einem Grundkonflikt des Menschen: demjenigen von Egoismus und Altruismus. In der Gesellschaft vermag nur zu reüssieren, wer sich anpasst, und genau das meinte Spencer mit der von ihm geprägten strittigen Formulierung vom «survival of the fittest». Das Individuum handelt dabei nicht einfach altruistisch, wie es noch Jeremy Bentham gefordert hatte, als er vom größten Glück der größten Zahl als dem Ziel unseres Handelns gesprochen hatte. Das größte Glück der größten Zahl ist nicht der Zweck des Spencerschen Individuums. Vielmehr schließt dieses aus Egoismus mit seiner Umwelt Kompromisse. Es erwägt den Nutzen altruistischen Verhaltens für die eigenen Zwecke – und erkennt, dass moralische Gesellschaften die vollkommeneren und glücklicheren Gesellschaften sind.

Spencers Philosophie erweist sich als Anschauung der Härte und der Konformität zugleich. Es geht um die maximale Durchsetzungskraft des Einzelnen. Sie harmoniert quasi notwendig und rational mit dem utilitaristischen Prinzip des größten Glücks der größten Zahl. In eine ähnliche Richtung weisen die zahlreichen darwinistischen Ansätze, die ab den 1860er Jahren entstehen, allen voran die Eugenik. Sie war zunächst einmal – weitab von ihrem Missbrauch durch die verblendete Rassenideologie der Nationalsozialisten – eine emanzipatorische Lehre der aufstrebenden englischen Mittelklasse. Zu ihren Initiatoren zählte Darwins Cousin Francis Galton.[21] Galton befasste sich mit der Frage, wie Intelligenz und Talent vererbt werden – und kritisierte die Gesellschaft seiner Zeit: Sie leiste nicht genug für die positive Zuchtauswahl, achte nicht auf ihr biologisches

Kapital. In der Folge seiner Ideen entstand eine politisch motivierte eugenische Bewegung, die das besondere Erbmaterial der unteren Schichten betonte: Sie galten im Vergleich mit den durch Luxus und innerfamiliäre Ehen degenerierten Adligen als härter und ‹fitter›. Denn die unteren Schichten mussten sich ihre Lebenschancen selbst erarbeiten; Geld und Privilegien besaßen sie nicht. Sie waren allein auf Aufstieg und Erfolg programmiert. Wer es schaffte, verfügte offenkundig über gutes Blut.

Diese Diskussion kennt unendlich viele problematische Weiterungen. Einige von ihnen sind in einem trivialen Sinne fortschrittsoptimistisch, von einem entschlossenen Glauben an die Nützlichkeit der Eugenik geprägt. «Zuchtwahl» hieß das Stichwort. Es ging darum, die Gesellschaft aus den guten Erbanlagen heraus zu steuern. Doch interessierten sich nicht nur exzentrische Ideologen oder klassenkämpferische Politiker für die Verwertbarkeit der Eugenik. Um 1900 erreichte die eugenische Debatte auch gebildete Schriftsteller wie den irischen Dramatiker George Bernard Shaw und den englischen Science-Fiction-Autor Herbert George Wells.

Wells etwa setzte auf die Unterdrückung von Missbildungen, wandte sich aber erstaunlicherweise gegen das Prinzip der Zuchtwahl. Schon im Jahr 1909 persifliert er die eigenen Überlegungen in seinem Roman *Tono-Bungay*, einer historisch sensiblen Skizze der Aufstiegsbemühungen der englischen Mittelklasse, des *Shopkeeper*-Milieus. «Tono-Bungay» ist nichts Geringeres als ein Deckname für Coca-Cola, aus den USA auf die britischen Inseln verlegt. Im Roman erfindet der ehrgeizige Apotheker Edward das legendäre Brausegetränk, wird reich und gründet gemeinsam mit seinem Neffen George ein wirtschaftliches Imperium, das dem sozialdarwinistisch gesinnten

John D. Rockefeller alle Ehre gemacht hätte. Edward stimuliert sich selbst mit folgenden Worten: «Wir sind noch ein wenig weich in unseren Knochen, aber sie werden sich schon erhärten [...]. Ja, wir müssen das Land lenken, George. Es ist unseres. Mach es wissenschaftlich – organisiert – Wirtschaft – Unternehmen. Gib Ideen hinein. 'Lektrifiziere es. Lass die Presse laufen. Stoß alle Arten von Entwicklung an. Alle Arten von Entwicklung.»[22] In Edwards Rede schnurren fortschrittsoptimistische Denkmuster aus Anatomie, Wissenschaft und Ökonomie zu einer sozialdarwinistischen Entwicklungsideologie zusammen. Diese Ideologie wird durch Edwards Fall entlarvt: Er isst sich kugelrund, lebt in Luxus, verspekuliert sich, gerät in krumme Geschäfte, wird festgenommen und stirbt auf der Flucht vor der Polizei. Der Versuch, die eigenen Knochen zu härten, das eigene Land zu lenken und allerlei Entwicklungen anzustoßen, misslingt gründlich – und er konnte auch nicht gelingen: Der genießerische Edward ist mit seinen Anlagen das beste Gegenbeispiel zu dem sozialdarwinistischen Menschen, den er sich erträumt. *Tono-Bungay* erweist sich als satirischer Schlüsselroman auf den emanzipatorischen Sozialdarwinismus, wie ihn die englische Mittelklasse vertrat.

In Deutschland nimmt die Darwin-Rezeption andere Wendungen: Mit Eugenik hat sie zunächst nicht viel zu tun – diese Entwicklung holt sie in den 1930er und 1940er Jahren auf das Übelste nach.[23] Zu Beginn hingegen belebte die Darwin-Rezeption weltanschauliche Spekulationen in Naturwissenschaft und Metaphysik. Der Grund dafür lag zum einen im Fall der Systemphilosophie hegelscher Herkunft, der ein geistiges Vakuum hinterließ. Zum anderen beschleunigte der aufkommende Empirismus des mittleren 19. Jahrhunderts den Zweifel am Christentum, der sich schon unter Hegel-Schülern wie David

Friedrich Strauß und Friedrich Theodor Vischer abgezeichnet
hatte. Der Darwinismus bot sich in dieser Situation als Ersatzreligion an. Diese darwinistisch inspirierte Ersatzreligion
nannte sich in Deutschland «Monismus».

Das Wort kommt von «monos», dem griechischen Wort für
«allein, einzig». Also ist der Monismus die Einsicht, dass es nur
ein natürliches Gesetz in der Welt gibt, das sowohl die Sphäre
des Physischen als auch diejenige des Metaphysischen regiert.
Entsprechend wendet sich der Monismus gegen alle dualistischen Auffassungen: gegen die Trennung von Subjekt und Ob-
jekt, von Raum und Zeit, von a priori und a posteriori. Ernst
Haeckel,[24] Professor für Vergleichende Anatomie in Jena, trifft
Darwin mehrfach (1876, 1879), setzt sich mit seinen Ideen auseinander und lässt sich im Jahr 1904 in Rom von der interna-
tionalen Freidenkergemeinde zum monistischen Gegenpapst
ausrufen. Seine Gegenkirche zählt so illustre Mitglieder wie den
Maler Paul Klee, den sozialdemokratischen Politiker August
Bebel und den Soziologen Ferdinand Tönnies zu ihren Mitgliedern.

Haeckels Hauptwerk *Die Welträthsel* (1899), eines der ein-
flussreichsten Bücher des ausgehenden 19. Jahrhunderts, beginnt mit einer Problemdiagnose, wie sie auch von Malthus
oder Spencer her bekannt ist: Dem Fortschritt in Wissenschaft
und Technik steht der Stillstand, ja der Rückschritt auf allen
anderen intellektuellen und sozialen Gebieten entgegen. Gemeinwesen, Kirche und Staat sind degeneriert. Der Fortschrittsoptimismus trifft auf radikalen Pessimismus. Es gilt, den rück-
ständigen Bereichen der Gesellschaft auf die Sprünge zu helfen,
und zwar durch eine «naturgemäße Weltanschauung».[25] Diese
gründet auf einer Annahme: dass es ein einziges monistisches
Gesetz gibt, das auf den gesamten Kosmos ausstrahlt.

Damit schließt sich der Kreis: Nachdem sich der Mensch optimistisch von Gott und Kosmos emanzipiert hatte, meldet sich nun der Kosmos zurück. Haeckel belebt – gestützt auf Darwin und andere naturwissenschaftliche Einsichten – den kosmologischen Optimismus wieder und verweist den Menschen in seine Schranken. Und mehr noch: Er kämpft entschlossen gegen die Selbsterhebung des Menschen, den «anthropistischen Größenwahn», den Versuch, Welt und Weltall zu beherrschen.[26] Fortschritt ist aus Haeckels Sicht nichts als eine Zwangsläufigkeit der Natur, ein Naturgesetz, das zu Mannigfaligkeit, Fortbildung und Vervollkommnung führt.[27]

Auf diese Weise begründet Haeckel tatsächlich eine neue Religion: eine Religion, die allein auf die Unendlichkeit und auf das eine Gesetz des Kosmos vertraut, das sie in allen Gebieten des Lebens wiederentdeckt. Die Handlungsanweisung an die monistische Glaubensgemeinde ist einfach: Wissen gilt als höchste Tugend. Denn wenn es gelingt, mehr über die Welt zu erfahren, dann kann jedes Problem gelöst und jeder Mensch frei werden. Haeckel zitiert Goethes Dichtungen über schöpferische Individuen, über den gelehrten Faust und den waghalsigen Prometheus, um seine Auffassung poetisch auszumalen. So amalgamiert Haeckel Goethes Werke und pantheistische Überzeugungen mit dem Empirismus des 19. Jahrhunderts und lässt daraus einen neuen poetischen Wissenschaftsglauben an das All-Eine entstehen: eine neue fortschrittsoptimistische Kosmologie.

Dieser Fortschrittsoptimismus erfährt im ausgehenden 19. Jahrhundert vielfältige Wandlungen: Die Naturalisten übernehmen ihn in die Literatur, wagen sich mit kritischen Gesellschaftsskizzen vor, drängen auf Verbesserung sozialer Missstände. Parallel dazu entsteht jener schrankenlose wissenschaft-

liche Zukunftsoptimismus, den die Kulturkritik vielfach und
zu Recht beklagt hat. Er speist sich aus der Erfindung und Entdeckung je neuer Energiequellen oder Techniken. Ein solcher
Zukunftsoptimismus nimmt seinen Ausgang etwa von der Erfindung des Automobils und der Luftfahrt und entwirft – in
der Literatur wie in der Kunst – Utopien, positive Utopien über
die motorisierte Reise um die Welt.

Doch endet diese Art des Zukunftsoptimismus spätestens
mit den 1960er Jahren. Nun ist von den «Grenzen des Wachs-
tums» die Rede, von Atomtod und Umweltverschmutzung.
In Deutschland suchen Publizisten wie Robert Jungk, Philosophen wie Karl Jaspers und Schriftsteller wie Günther Anders
nach Wegen, die Zivilisation vor ihrem eigenen Fortschrittsoptimismus zu retten. Mit seinem *Mann auf der Brücke. Tagebuch
aus Hiroshima und Nagasaki* (1959) etwa will Anders symbolträchtig und mit dem Ziel politischer Wirkung fragen, wie
sich die Bevölkerung der Welt angesichts der nuklearen Auf-
rüstungsspirale begegnen kann. Er will zu diesem Zweck ganz
unten ansetzen: bei einfachen Verständigungsbegriffen, einer
möglichst voraussetzungsfreien Sprache und bei politischen
Verabredungen, an die sich die Weltbevölkerung halten sollte,
um zu überleben. Anders rüstet den Fortschrittsoptimismus
ab, mental, verbal.

Dieser Impuls erfährt in den 1960er und 1970er Jahren entschiedene Verstärkung vor allem durch die skeptischen Projekte des französischen Poststrukturalismus. Mit gutem Grund
mustert Michel Foucault die verschiedenen Formen, Geschichte
und Wissen zu kanonisieren: von der Naturgeschichte George
Buffons bis hin zu Darwins Evolutionstheorie.[28] Er kann tatsächlich zeigen, wie ein Wille zur Macht bestimmte Beschrei-
bungsformen befördert und andere zurückweist. Insbesondere

das teleologische Denken gerät in den Fokus seiner Kritik. Zumeist verschleiert es bloß ein bestimmtes Machtinteresse, möglicherweise auch die politische, ethische oder ästhetische Norm einer privilegierten Gruppe. Man denke etwa an die Nationalgeschichtsschreibung des 19. Jahrhunderts: Auf die Nation liefen historiographische Werke aus dieser Zeit teleologisch zu; sie begründeten und rechtfertigten die Gründung der Nationen aus ihrer Geschichte und vernachlässigten, was diesem Ziel nicht zuträglich war.

Doch vergisst man, wenn man sich für Foucaults Geschichtskritik begeistert, oft zweierlei: zum einen, dass der sogenannte teleologische Optimismus in seiner elaborierten Form wie etwa bei Darwin nicht teleologisch war, zum anderen, dass es eine Form der Teleologie gibt, die nicht nur unschädlich, sondern in einem gewissen minimalen Sinne auch notwendig ist. Gemeint ist die Teleologie, die darauf verzichtet, überhaupt ein Telos festzulegen. Sie fragt nach dem Zusammenhang von Ereignissen, Sachverhalten, Mentalitäten. Ihr Ziel ist es, solche Zusammenhänge zu suchen, um menschliches Handeln und Geschichte erzählbar und verstehbar zu machen.[29] In einem gewissen minimalen Sinne erweist sich diese Form der «telosfreien» Teleologie auch als optimistisch: Denn sie weigert sich, den Menschen, seine Vergangenheit und Zukunft in eine Fülle von Einzeldaten zerfallen zu lassen. Möglicherweise hofft sie sogar darauf, dass er aus ihren Erzählungen etwas lernen kann. Schon deshalb liegt es in ihrem Interesse, die Teleologie als Ordnungsverfahren unschädlich zu machen. Optimistische Geschichtsschreibung muss seriöse Verfahren der Sinnstiftung suchen.

Diese Entwicklungen aber sind noch jung und speisen sich erst aus der Teleologie-Skepsis seit den 1970er Jahren. Die Zeitgenossen Darwins kannten ihre eigenen Formen, teleologische Vorstellungen zu vermeiden und über ein vermeintlich festgelegtes Telos hinauszuschießen. Viele dieser überschießenden Formen können – mehr oder minder treffend – unter dem Stichwort des vitalistischen Optimismus zusammengefasst werden. Ihm ging es um das Leben selbst, um seine unkontrollierbare Vielfalt, um Träume, die Wirklichkeit werden wollten, ohne nach einem letzten Prinzip zu fragen.

V. «Hiersein ist herrlich»: Vitalistischer Optimismus

American Dreams: Emerson und Whitman

Amerikaner sind offensichtlich große Träumer. Weshalb hätten sie ihre Leitideologie sonst «American Dream» genannt? Doch bei näherem Hinsehen wird es wie üblich komplizierter: Den einen allgemeinverbindlichen American Dream gibt es nicht, und es liegt im Wesen von Träumen, dass sie unklar und vage sind. Gerade deshalb aber können sie motivierende Kraft entfalten. Die diversen Träumer des Kollektivtraums Amerika können sich ganz Unterschiedliches darunter vorstellen: das weiße, heterosexuelle, protestantische Amerika, das afroamerikanische Amerika, das homosexuelle Amerika, das Amerika der waffentragenden Elchjäger, das Amerika der Tellerwäscher, aus denen Millionäre werden wollen, und so weiter. Gleich welches Amerika – jedem Amerikaner ist es verfassungsmäßig aufgetragen, seinen Traum umzusetzen, sein Glück zu suchen: «Life, liberty, and the pursuit of happiness», so heißt es in der amerikanischen Unabhängigkeitserklärung aus dem Jahr 1776. In Europa kennt man eine derartige Beschreibung des staatsbürgerlichen Lebensziels nicht, obwohl die Begeisterung für die Glückseligkeit europäische Wurzeln hat: Es war das Naturrecht, das die Glückseligkeit ab den 1730er

Jahren als Ziel des Menschen und der Gesellschaft auf den Schild hob – ohne jedoch so weitreichende verfassungspolitische Folgen zu riskieren wie die USA.

Freiheit, Glück und Mut zum individuellen Risiko verbanden sich in den USA zu jenen Träumen, die das Land trotz ihrer Widersprüchlichkeit zusammenhalten sollten: «Einen Traum träumte ich und sah in ihm eine Stadt, unüberwindlich den Angriffen der ganzen übrigen Erde», beginnt ein Gedicht des Naturpoeten Walt Whitman, veröffentlicht im Jahr 1855.[1] Die Stadt, die Whitmans Sprecher hymnisch preist, erscheint ihm als Stadt der Freunde, als Stadt, in der nur Liebe herrscht. Diese Liebe zeige sich in Handlungen, Blicken und Worten ihrer Einwohner.

«I have a dream», begann Martin Luther King Juniors berühmte Rede aus dem Jahr 1963. Er hielt sie symbolträchtig vor dem Lincoln Memorial in Washington, dem Denkmal für den Präsidenten, der 100 Jahre zuvor die Sklaverei abgeschafft hatte. Immer wiederholte Martin Luther King seine Worte, um die Zuhörer und eine ganze Nation auf seinen Traum einzuschwören: den Traum von der Gleichheit aller Menschen, den Traum von Gerechtigkeit und Freiheit, unabhängig von der Hautfarbe. «I have a dream today», betonte Martin Luther King. Er wollte nicht warten, nicht zusehen, wie der Rassismus weiter um sich greift und die Nation spaltet, sondern er wollte seinen Traum möglichst schnell Wirklichkeit werden lassen.

Heute bietet sich in Amerika ein erstaunliches Szenario: Barack Obama und demokratische Intellektuelle wenden sich gegen den «blinden Optimismus» («blind optimism»).[2] Zugleich setzen sie aber auf den American Dream, die ultimative optimistische Ideologie. Als wahrhaft optimistische Einstellung erweist sich, was nicht Optimismus heißen darf: die Hoffnung,

das «yes, we can». Politisch konkret zielen Traum und Hoffnung in der Tradition Lincolns auf die nicht-weißen Amerikaner, den Mittelstand und die arbeitenden Familien. Sie sollen
wieder spüren, dass Amerika ein Land der unbegrenzten Möglichkeiten für diejenigen ist, die sich mit Talent und gutem Willen durchsetzen wollen, auch gegen die Privilegien etablierter
Schichten.

Obamas Optimismus-Skepsis hat Tradition: Schon lange vor
ihm vertrat Cornel West, ein afroamerikanischer Befreiungs-
theologe und Professor an der Universität Princeton, einen
«prophetischen Pragmatismus» mit politischen Dimensionen.
Ihm galt die Hoffnung ebenso viel wie Obama, und wie er miss-
traute er dem weißen «American optimism».[3] Ähnlich verhält
es sich mit der Philosophin Susan Neiman: In ihrem politischen
Buch *Moral Clarity. A Guide for Grown-Up Idealists/Mora-
lische Klarheit. Ein Führer für erwachsen gewordene Idealisten*
(2008) zählt sie Hoffnung zu den zentralen Werten, die es für
eine lebbare Welt zu aktivieren gilt. Zugleich warnt Neiman vor
überzogenem Optimismus: Kants «Doktrin des Optimismus»
(«doctrine of optimism») sollten wir aufgeben.[4]

Träumen und hoffen gelten als unschuldig, der Optimismus
hingegen ist problematisch, vermessen, böse. So lautet die dop-
pelte intellektuelle Botschaft des gegenwärtigen demokrati-
schen Amerikas. Doch systematisch gesehen ist sie angreifbar:
Kommt die Hoffnung tatsächlich als ethisch befriedigende
Lösung für all unsere Sorgen, Nöte und Erwartungen in Frage?
Schließlich hat die Hoffnung gleich zwei Pferdefüße: Erstens
ist sie zwar biblisch belegt, aber philosophisch wenig begründet
und politisch richtungslos. Hoffen kann man auch auf das Ende
der Menschheit. Zweitens weist die Hoffnung eine zynische
Seite auf. Hoffnung kann den Glauben an etwas aufrechter-

halten, das längst verloren ist. Hoffen kann man überhaupt nur auf Abwesendes (Römer 8,24).

Die Hoffnung ist also janusköpfig. Außerdem ist sie weniger konkret als der Optimismus. Worauf sie hofft, bleibt offen – wodurch sie unschuldig, unangreifbar erscheint. Der Optimismus hingegen ist innerweltlich, hier, jetzt, in Vergangenheit und Zukunft, er ist realistisch und macht sich möglicherweise schuldig. Er speist sich nicht nur aus Idealen und Utopien, sondern er entdeckt Anzeichen für diese in der Wirklichkeit und will die Wirklichkeit nach ihrem Bilde gestalten.

Offenkundig scheuen die amerikanischen Vertreter der Hoffnung davor zurück, diese Schuld auf sich zu laden, ihre Träume tatsächlich zu verwirklichen – und sich an der Umsetzung dieser Träume messen zu lassen. Diese Scheu hat ihre historischen Wurzeln und Gründe. Um sie zu verstehen, lohnt sich ein Blick in die amerikanische Geschichte des träumerischen Denkens und Schreibens: auf die Anfänge der Träumertradition bei Whitman und seinem gedanklichen Ziehvater und Förderer Ralph Waldo Emerson.[5] Vor allem bei Emerson schwingt die Spannung zwischen Träumen und Optimismus mit, doch wird sie (spätestens bei Whitman) zugunsten eines Optimismus aufgelöst, der innerweltlich wirken will.

Heute ist der unitarische Pastor und Philosoph Emerson (1803–1882) eine amerikanische Ikone, Anlass zur Bewunderung ebenso wie zur Parodie. Die Ikone Emerson steht für das Individuum, die erste Person Singular, das Ich, das sich – vitalistisch, optimistisch – selbst entdeckt, für einen weltentrückten Idealismus, der allein auf die Seele des Einzelnen vertraut. Dabei schwingt eine unverhohlene Heldenverehrung mit, die sogar Henry Ford, den Gründer der Automobilfabrik Ford, beeindruckte. «Mach dein eigenes Ding» – flache Appelle wie dieser sind Restbestände dessen, was von Emersons Essays in der amerikanischen Alltagskultur geblieben ist. Doch ist Emersons Optimismus nicht blind und einlinig, wie man lange glaubte.[6] Vielmehr ist sein Denken so vieldeutig, dass es noch die Gegner des Vietnamkriegs und die Studenten motivierte, die 1989 auf dem Tiananmen-Platz protestierten.

Emersons Essays speisen sich aus ganz unterschiedlichen, widerstreitenden Quellen: aus Platon und dem Neuplatonismus, der englischen Romantik (Thomas Carlyle, William Wordsworth, Samuel Taylor Coleridge), Goethe, Napoleon, dem deutschen Idealismus, den Emerson vermutlich vor allem durch Coleridges *Biographia Literaria* kennenlernte, den empirischen Naturwissenschaften (von Newton aufwärts) ebenso wie der spekulativen Naturlehre (Emanuel Swedenborg), der indischen und chinesischen Philosophie (Hinduismus, Konfuzianismus) etc.

Man könnte meinen, mit der Verarbeitung dieser Philosophien habe Emerson genug zu tun gehabt, doch genügte ihm die Arbeit am Schreibtisch nicht. Er wollte gesellschaftlich wirken und tat dies durch das Wort: Wegen seiner kontroversen Vorlesungen *The American Scholar / Phi Beta Kappa Address* (1837) und *The Divinity School Address* (1838) wurde er vom Dienst an der Universität Harvard suspendiert. Publizistisch aber schadete ihm die Entlassung aus dem Universitätsdienst nicht. Immer mehr Studierende traten dem Club der amerikanischen Transzendentalisten bei, dem Emerson vorstand, und gemeinsam mit Amos Bronson Alcott, Margaret Fuller und Henri David Thoreau gründete er die Zeitschrift *The Dial*, ein «Medium für neue Ideen». Im Sinne dieser neuen Ideen protestierte Emerson gegen die Umsiedelung der Cherokee-Indianer (1838), unterstützte die Anti-Sklaverei-Bewegung

(1851–1860) und polemisierte als überzeugter Vegetarier gegen die Fleischesser; er hielt sie für mitschuldig am Tod unschuldiger Tiere.

Diese explosive Mischung aus Ideen und sozialem Engagement übte ihren Reiz auch auf deutsche Denker aus, allen voran Friedrich Nietzsche: Er las deutsche Emerson-Übersetzungen, konzentrierte sich auf die Essays *History / Geschichte* und *Self-Reliance / Eigenständigkeit* (beide 1841), reduzierte sie aber auf ihre heroischen und agonalen Züge. Tatsächlich erweist sich Emersons Denken als vielschichtig und als nicht vollständig konsistent. Deshalb liegen Welten zwischen dem Enthusiasmus von *Eigenständigkeit* und *Fate / Schicksal* (1860), einem Essay über die Macht der höheren Gewalt. Beides sind Extremwerte, zwischen denen sich abspielt, was als Kernbestand von Emersons Ideen ausgezeichnet werden kann.

Zu diesen gehört die Idee des All-Einen aus dem Essay *The Over-Soul / Die Über-Seele* (1841). Die «Über-Seele» umschließt Makro- und Mikrokosmos, Mensch und Welt, erfüllt alles irdische Geschehen mit Sinn und spricht es heilig. Im Rückgriff auf Swedenborgs Naturspekulationen sowie auf eine Gemengelage aus hinduistischen und idealistischen Lehren predigt Emerson einen entschlossenen kosmologischen Optimismus. Dieser aber ruht nicht auf einem abstrakten Glauben an eine übergeordnete Instanz, sondern Emerson setzt vielmehr bei der individuellen Erfahrung, beim magischen Erlebnis an: Er glorifiziert den Moment, das Atom, das Kleinste, Vergänglichste, in dem sich das Höchste ungeplant, plötzlich und unkontrollierbar offenbart. Alle Kreaturen sind miteinander eins, durch Seelenwanderung und Metamorphose verbunden. Das Ergebnis wirkt wie eine schwärmerisch überhöhte Physikotheologie für den naturreligiösen Gottesdienst.

Dieser Gottesdienst aber huldigt nicht einfach dem Hier und Jetzt, sondern er zielt auf Fortschritt, nicht auf den mess- und vorhersehbaren Fortschritt, sondern auf sprunghaften, totalen Fortschritt durch die individuelle Einsicht in die Offenbarung der «Über-Seele». Der Mensch erlangt sie, indem er ausschließlich auf seine Intuition hört: «Wir erkennen die Wahrheit, wenn wir sie schauen, laß Skeptiker und Spötter sagen, was sie wollen.»[7] Der Skeptizismus gilt als ketzerisch, missachtet das göttliche und schöne Werk der «Über-Seele». Dieses Werk kann nur *erfahren* werden, und aus dieser Erfahrung steigt der Mensch zu Höherem auf. Er kann ein Genie werden, ein Rühmer der «Über-Seele», wenn er «von innen», aus der eigenen Erfahrung spricht – wie Homer, Chaucer, Spenser, Shakespeare und Milton oder Spinoza, Kant und Coleridge.[8] Sie äußern sich mit der Kraft einer höheren Energie, preisen das «unaufhörliche Wunder» der Welt.[9]

Diese Philosophie gewinnt ihre Energie ausschließlich aus dem Vertrauen auf das Irrationale, Plötzliche, Unkalkulierbare, und die kontroversen Vorlesungen Emersons zeigen, wie ernst es ihm damit war: Er schimpft über die Schreibtischgelehrsamkeit und verdammt – in der Tradition des Augustinus – die Neugier als größte Untugend. Das geistige Heil liegt demgegenüber in der Intuition, der Kreativität, der aktiven Tätigkeit der Seele. Einzig die Natur, ausgesuchte Bücher und Erfahrung belehren den Schüler. Er imitiert nicht, sondern bildet, unterstützt durch den Lehrer, sein eigenes Selbst: eine enthusiasmierte Version der Humboldtschen Bildungsidee.

Der Emerson, den Nietzsche aus *Geschichte* und *Eigenständigkeit* herauslesen wollte, steht zu demjenigen der *Über-Seele* in einer eigentümlichen Schieflage: Nietzsches Emerson nämlich, der Emerson der frühen Essays und des Porträt-Buches

Representative Men / Repräsentanten der Menschheit (1850), preist die großen Männer, die Macht, den Kampf und das Prinzip, dem der Einzelne folgen soll. Michel de Montaigne etwa erscheint diesem Emerson als weiser Skeptiker: als jemand, der weiß, dass die Welt unsicher ist, deshalb «das beste Spiel und die Hauptdarsteller aus der Nähe betrachten»[10] will und in einem gewissen Sinne doch auch Optimist ist.[11]

Emersons Napoleon-Verherrlichung vervollständigt das Bild. Sie verbindet Emerson mit Goethe und zeigt, wie sehr auch er auf das ingeniöse und starke Individuum vertraut. Dazu passt, dass Emerson sein Erziehungsprogramm im Sinne eines heroischen Initiationsmodells anlegt: Nonkonformismus, Durchsetzung des Selbst gegen die Fallstricke der Gesellschaft – diese Tugenden legt Emerson dem jungen Mann in *Eigenständigkeit* mit starken Worten und unter Berufung auf den ominösen persischen Propheten Zoroaster nahe, den Nietzsche später als Zarathustra sprechen lässt. Initiation und Fitness, Agon – der Wettkampf – und Personenkult stehen bei Emerson in einer eigentümlichen Spannung zur Lehre vom All-Einen, die das Individuelle als bloßen Schein begreifen muss, der Vorstellung der Person und ihrer Fitness nicht bedarf.

Diese Spannung herrscht auch in Emersons Verständnis von Geschichte: Die großen Männer sind Helden der Profangeschichte, obwohl Emerson doch die Sakralgeschichte absolut setzte. Geschichte im üblichen Verständnis sei bloß subjektiv, Biographie, und eigentlich könne es keine Geschichte geben, notiert Emerson – nahezu postmodern – noch in seinem Essay *Geschichte*. Er plädierte für ein symbolisches Verständnis von Geschichte, das der Geschichte der großen Männer widerspricht, die er in anderen Essays gleichwohl schreiben, aus der ewigen Wiederkehr des Gleichen herausheben will, um die Gesellschaft spirituell zu erneuern.[12] Diese Helden aber stehen in notorischer Spannung zum Optimismus: Zwar opfern sie sich für ihre Überzeugung, für Höheres, für das, was sie als Bestes erkennen. Doch suchen sie – anders als Leibniz' Optimist – nicht ihr eigenes Glück in einer besten Welt, sondern arbeiten an einer neuen, noch besseren Welt, einer Welt, die dem normalen Menschen nicht erreichbar ist.

Wendet man Emerson auf Emerson an, dann gehört diese Spannung, dieser Selbstwiderspruch charakteristisch zu einer starken Persönlichkeit: «Nimm einmal an, du widersprichst dir; was dann? Es scheint eine Weisheitsregel zu sein, sich niemals gänzlich auf sein Gedächtnis zu stützen, nicht einmal bei Taten des reinen Gedächtnisses, sondern die Vergangenheit zur Beurteilung in die tausendäugige Gegenwart einzubringen und stets in einem neuen Tag zu leben.»[13] Diese Emphase für das Neue allerdings läuft Gefahr, selbstvergessen und beliebig zu werden. Sie würdigt die Erfahrung nicht, die sie andernorts preist.

Den Widersprüchen zum Trotz – oder auch aufgrund dieser Widersprüche – fördert Emersons Denken einen Vitalismus zu Tage, der einen starken, hymnischen, kosmologisch erhöhten Ton in die Philosophie hineinbringt. Sein vitalistischer Optimismus, sein Glaube an das Beste, liegt aber nicht nur im Träumerischen und Vagen, sondern ist auch konkret. Er entwickelt sich im Gegensatz zum verachteten Durchschnittlichen, will Gegenmodell zum gesättigten Lebensstil der Bürger Amerikas sein, sich gegen hierarchische Glaubensvorstellungen und Lehrpläne, gegen pseudo-optimistische Vorstellungen der Zähl- und Machbarkeit wenden. Emersons vitalistischer Optimismus kombiniert ein mystisches Modell vom Kosmos mit einem starken Modell des Individuums, versucht sich in Sakral-

und Profangeschichte, plädiert für den Agon und die All-Einheit. Mit dieser Sehnsucht nach dem Besten, Ursprünglichen, Kraft-genialischen und zugleich Neuen spannt er den Optimismus bis zu seiner maximalen Dehnbarkeit.

Whitmans berühmter Gedichtband *Leaves of Grass/Grashalme* (1855) versifiziert und verkörperlicht Emersons vitalistischen Optimismus, steigert und verändert ihn im Medium der Lyrik. Die Gedichte provozieren in vielerlei Weise: Whitman (1819–1892), Setzerlehrling, Sanitätshelfer, Publizist und priesterlicher Seher, verachtet die üblichen Reimschemata und Metren; er gebraucht Ausdrücke der Alltagssprache, beschreibt Amerika, die Welt, die Natur, Männer, Frauen, große Ereignisse, Tagträume – und die Erotik in nahezu all ihren Facetten. Die Neigung zur erotischen Lyrik ließ ihn zum Bürgerschreck werden: Emily Dickinson, die menschenscheue metaphysische Dichterin, und viele andere Zeitgenossen hielten seine Gedichte für der Poesie unwürdig. Emerson selbst schätzte sie – auch aufgrund der Nähe zu eigenen Auffassungen und seiner Begeisterung für ausdrucksstarke Poesie – so sehr, dass er Whitman im Jahr 1855 einen begeisterten Brief schrieb. Er sagte dem Autor eine große Zukunft vorher. Dabei ignorierte Emerson die freizügigen Anspielungen zunächst, riet Whitman aber bei einem Treffen im Jahr 1860, die nächste Auflage der *Grashalme* zu entschärfen.

Emerson hatte keinen Erfolg, denn Whitman schätzte ihn zwar über alle Maßen, verfolgte aber seine eigenen Ansichten und Einsichten. Von Emerson setzte er sich bewusst durch die poetische Form ab, und zwar durch eine hymnische Poesie in der Tradition Miltons, zeitgemäß umgedeutet. Hinzu kommt der Umstand, dass Whitman für alle Leser schrieb, Emerson aber eher ein elitäres Publikum von Politikern, Studierenden,

Gelehrten im Blick hatte. Auch behandelte Whitman Frauen gleichberechtigt und setzt konsequent auf Demokratie.

Wie Emerson aber geht es ihm um das Werden hin zum Besten: zum Vitalen. Ausgehend von Emerson predigt Whitman jedoch einen überschwänglichen Optimismus. Zu diesem Zweck verabschiedet er auch die Heilsgeschichte: Was auf Erden geschieht, ist ihm Heil genug. Deshalb bildet er nicht schlicht realistisch oder naturalistisch Wirklichkeit ab, sondern er wählt den hohen preisenden Ton, der Künftiges prophezeit. Anders als bei Emerson entspringt die Quelle dieses besten Künftigen nicht in erster Linie der Seele, sondern dem Körper: Er ist es, der die transzendentale Erfahrung aktiviert.

Züge wie diese zeichnen die *Grashalme* über ihre verschiedenen Bearbeitungsstufen hinaus. Bis zur Ausgabe letzter Hand (1891 / 92) ergänzt Whitman den Band, so dass er schließlich die Summe seines Lebenswerkes bildet. Die ursprünglich zwölf anonym erschienenen Gedichte wachsen auf fast 400 an. Diese umfängliche Ego-Anthologie lässt sich kaum ordnen, gliedern, klassifizieren. Doch scheint es, als orientiere sich Whitman bei seinen Ergänzungen an den Stufen des Werdens: Der erste Teil der *Grashalme* (1891 / 92) heißt «Inscriptions» («Inschriften») und enthält tatsächlich wie ein Inhaltsverzeichnis kurze Einträge. Sie gebrauchen zumeist die Form von Gelegenheitsgedichten wie etwa «Einem Historiker», in dem Whitman sich als seherischer Dichter – in bewährter Emerson-Manier – vom Typus des stubengelehrten Archivars absetzt. «Und [ich] entwerfe die Geschichte der Zukunft», klingt es im Schlussvers mit Emersons Essay *Geschichte*.[14]

Beginnend in Paumanok und *Gesang an mich selbst* schildern Anfänge, den Beginn des Werdens, *Kinder Adams* nimmt

Bezug auf die Ursünde der Menschheit, die Whitman nicht als Sünde, sondern als Erweiterung der Erfahrung erscheinen will. *Calamus* setzt dieses Motiv fort: Es geht um unbekannte Wege, Errungenschaften und Probleme der Moderne wie die Demokratie, um Städte, Maschinen. *Zugvögel* treibt die Erkundung über die nationalen Grenzen hinaus in die Welt: in die sakrale und die profane Welt, in das Universum und nach Frankreich. Die Gedichte *Meerdrift, Am Straßenrand, Trommelschläge* und *Herbstbäche* speisen sich, angeregt durch diese Reise ins Unendliche und Konkrete, aus der Fülle des amerikanischen Lebens, das wie eine eigenständige Gegenwelt zum alten Europa wirkt. Dabei wird Whitman sogar politisch: Seine *Erinnerungen an Präsident Lincoln* feiern eben jenen für den American Dream so wichtigen Präsidenten – Lincoln, immer wieder Lincoln. Whitmans *Flüstern vom himmlischen Tod, Vom Mittag zur sternenhellen Nacht* und *Gesänge des Abschieds* stellen das Politische zugunsten des Traumes zurück. Sie lenken die Stufen des Werdens in höhere Sphären und schließen den Band mit Blick in die Zukunft ab: «Zum Schluss verkünde ich, was nach mir kommt».[15]

Die Zukunft aber unterscheidet sich nicht wesentlich von der Lebenszeit des Sprechers. Jedes einzelne Gedicht führt die Großartigkeit dieser Lebenszeit vor. Dabei gibt es erstaunlicherweise kaum Abschattungen oder Selbstrevisionen – Whitmans Optimismus schreibt sich ungebrochen fort. Seine Form findet er erstaunlicherweise in Elegien wie *O Captain/My Captain!*. Whitman erfindet das Genre der optimistischen Elegien. Er kehrt den Klagegesang zum Freudengesang um und greift zu diesem Zweck mit vollen Händen in die Schatzkiste der Metrik und Rhetorik, übt sich im freien Rhythmus, arbeitet mit Assonanzen, deklamiert. Es geht nicht um Tod und Todesklage, sondern um den Gesang des Lebens, den Triumph des Vitalen.

Langgedichte wie *Gesang an mich selbst* überführen die Begeisterung für das eigenständige Ich und für den Körper in Verse: «Ich bin der Dichter des Leibes und ich bin der Dichter der Seele», meint Whitmans Sprecher und gibt damit die Perspektiven für seine Texte vor.[16] *Gesang an mich selbst* mustert beide Sphären; *Ich singe den Körper elektrisch* konzentriert sich auf den Körper, führt ihn verbal zur Ekstase. Beide Texte listen lange Kataloge von sinnlichen Erfahrungen auf, um ihre optimistischen Anschauungen zu belegen. Sie zeigen, setzen auf die Evidenz der Anschauung und auf die Vielfalt des Dargebotenen, mit der sie jedes pessimistische Gegenargument lächerlich, klein, unwichtig erscheinen lassen.

«Ich feiere mich selbst und singe mich selbst,
Und was ich mir herausnehme, sollst auch du dir herausnehmen,
Denn jedes Atom, das mir gehört, gehört ebenso gut auch dir.

Ich feiere und lade meine Seele zu Gast;
Liege auf dem Erdboden, behaglich halte ich Rast und betrachte einen Halm von
Sommergras.»[17]

Mit diesen Versen beginnt *Gesang an mich selbst*, eine Hymne an den Sprecher, der sich zur Stimme des Kosmos erhebt. Durch Emersons «Über-Seele» ist er mit allem verbunden, zusammengesetzt aus Atomen, die ihm und allen gehören. Die Seele baumelt, beobachtet einen Grashalm, der für das Wesen steht, welches sich ganz dem Kosmos überantwortet. Die Seele selbst wird dem Sprecher zum Grashalm: Auch sie vertraut der kosmischen Ordnung, der guten und unendlichen «Über-Seele», entdeckt diese in allem, in Menschen, Tieren, Dingen, und lässt sich dabei durch alle Sinne lenken. Was sie wahrnimmt, ist im kosmischen Sinne wunderbar, poetisch, optimal, gleich ob es sich um eine Prostituierte handelt, um den Präsidenten, der eine Sitzung abhält, um die Stadt und das Land, den Osten oder den Westen, um Knie, Beine, männliche oder weibliche Körper. Whitmans Sprecher reiht seine Eindrücke aneinander, entdeckt in allem Parallelen und lässt das Universum tatsächlich schon durch die Struktur der Texte als All-Eines erscheinen. Selbst das starke individualisierte Sprecher-Ich wird plausibel: Es ist der Ort, in dem die Wahrnehmungen und Gefühle zusammenschießen, sich verselbständigen und vervielfältigen.

Die gedankenstarken kürzeren Texte *Gesang des Universellen* und *Kosmos* helfen, diese Auffassung zu verstehen. Sie erörtern Whitmans Leitbilder und sind wie Kommentare angelegt. Ihr Kosmos umfasst alles: die Natur, die Weite, die Sexualität, die Vergangenheit, die Gegenwart ebenso wie die Zukunft. Whitman rechtfertigt das Gute wie das Böse. «Und alle Welt ist Traum», schließt der *Gesang des Universellen*.[18] Wirklichkeit und Traumwelt überlagern sich, lassen sich nicht voneinander trennen. Das Bewusstsein ist nur halbbewusst, gelenkt durch die «Über-Seele». Es lebt, träumt, singt – vielstimmig:

«Ich höre den Gesang Amerikas; höre seine mannigfachen Hymnen;

Die der Werkleute; jeder singt die seinen, je nachdem, heiter oder ernst;

Der Zimmermann die seine, wenn er seine Bohle misst oder seinen Balken;

Der Maurer die seine, wenn er sich an seine Arbeit begibt oder Feierabend macht;

Der Bootsmann singt, was mit ihm und seinem Boot zu tun hat; der Matrose singt auf seinem Dampfboot;

Der Schuhmacher auf seinem Schemel, der Hutmacher auf seinem Strand;

Das Preislied des Sägemüllers, des Pflugknechtes auf seinem Morgengang oder auf seiner Morgenrast oder beim Sonnenuntergang.

Das wundersame Lied der Mutter oder des jungen Weibes bei seiner Arbeit oder des Mädchens beim Nähen oder Waschen;

Ein jeder singt das, womit er zu tun hat oder sie, und von sonst nichts;

Der Tag, was des Tages ist – und zur Nachtzeit die Kumpanei der jungen Burschen: fröhlich, herzhaft

Singt sie aus voller Kehle ihre kräftigen und melodischen Lieder.»[19]

Whitman verleiht dem American Dream einen elegischen Klang, der ihm jede Härte nimmt. Er ist bei ihm nicht aus Fortschrittsphantasie geboren, sondern aus kosmologischem Urvertrauen, aus einem kosmologischen und anthropologischen Optimismus, der sich nicht aus metaphysischen Annahmen, sondern aus sinnlicher Welterfahrung speist. Dieser Optimismus kennt keine Ziele, keine Teleologie, sondern nur beste Welten, in denen sich Individuen je nach ihren Bedürfnissen und Fähigkeiten frei entfalten. Ein solcher Optimismus akzeptiert den American Dream grundsätzlich nur im Plural: in der

Form von American Dreams, in denen sich die «Über-Seele» spiegelt.

Doch dieses optimistische Programm stürzt gleich zu Beginn des 20. Jahrhunderts ab: Für Dichter wie Nicholas Vachel Lindsay (1879–1931) und Hart Crane (1899–1932) wird der American Dream zusehends zum American Nightmare.[20] Beide leben noch den Idealen Emersons nach und entwickeln Whitmans Stil weiter, und beide bringen sich während der Großen Depression Anfang der 1930er Jahre um. Lindsay inszeniert sich selbst bewusst anachronistisch als «Prairie Troubadour», besingt seine Geburtsstadt Springfield in Illinois, lebt vom Direktvertrieb seiner Lyrik in der Form von Pamphleten, bereist die USA zu Fuß und liest sogar vor Präsident Woodrow Wilson. Doch in einer Welt der Telegraphen, der Mechanisierung, der Standardisierung, des Materialismus hat Lindsays fundamentalistischer Optimismus keinen Platz mehr.

Crane erging es ähnlich, aber er kämpfte zusätzlich mit seiner Homosexualität – und wurde zu einem Vorreiter des *queer writing*. Er wollte von der Ironie eines T. S. Eliot zurückkehren zu den lyrischen Ausdrucksformen der Vorzeit, ein neues mystisches Bild Amerikas und seiner Symbole wie etwa der Brooklyn Bridge schaffen. Es gelang jedoch nur kurzzeitig, etwa mit lautmalerischen Gedichten wie *Amerikas plutonische Ekstasen*, das die Schönheit, Wildheit und Sinnlichkeit des Landes noch im Gin und in der New Yorker Bronx entdeckt.

Doch ist der Optimismus vitalistischer Herkunft mit Lindsay und Crane nicht gestorben. In Amerika kehrt er durch *beat-poets* wie Jack Kerouac und in der Songwriter-Tradition bei Bob Dylan zurück.[21] Und im Deutschland der 1910er und 1920er Jahre begeistern sich Autoren wie Franz Blei, Gustav Landauer und Johannes Schlaf so sehr für Whitman, dass sie ihn nicht nur begeistert lesen, sondern auch übersetzen. Ein Grund für diese Begeisterung liegt möglicherweise darin, dass die Lebensphilosophie mit ihrem vitalistischen Optimismus zu diesem Zeitpunkt in Deutschland wie in Amerika Konjunktur hatte. Sie galt als Heilmittel gegen die große Kränkung, die die Evolutionstheorie für zahlreiche Denker und Dichter bedeutete. Mit der Einsicht, dass der Mensch vom Affen abstamme, wollte man sich ungern zufriedengeben.

Eleganter Kult des Schöpferischen: Bergson

So reagierte auch der französische Philosoph Henri Bergson (1859–1941) auf den Schock, den die Evolutionstheorie ausgelöst hatte. Bergson widerstrebte das Denken in einer ewig gleichen Kette von Auswahl und Anpassung. Er wollte den Menschen im Ausgang von der Evolutionslehre umso raffinierter vom Tier unterscheiden können. Zu diesem Zweck befasste er sich mit Paläontologie, Embryologie, Anatomie, Psychologie, Hirnphysiologie. Er arbeitete an einer Philosophie, die nicht teleologisch, finalistisch, mechanistisch, sondern möglichst empirisch und in einem mystischen Sinne evolutionistisch sein wollte. Im Zentrum seines Werkes steht die Intuition, häufig auch Sympathie genannt. Durch die Intuition schaut das Individuum tiefere Wahrheiten, die der zergliedernden Vernunft verschlossen bleiben – eine Überzeugung, in der die Chancen, aber auch die klar erkennbaren Grenzen von Bergsons Philosophie liegen. Möglicherweise ist sie deshalb Skizze geblieben.

Wie Emerson und Whitman vertraut Bergson auf das Schöpferische. Doch ersetzt Bergson die romantische Kosmologie

durch Beobachtung, naturwissenschaftliche Ergebnisse, philosophische Ableitungen, ethische Strenge und das Vertrauen auf
ein absolutes mystisches Wissen. Weil diese Philosophie leicht
verständlich, in faszinierend luzidem Stil daherkommt, leistet
sie Verblüffendes: Bergson empfiehlt das schöpferische Denken und lässt es als beste aller Philosophien erscheinen, *gerade
weil* er die überbordende Emphase kappt, sein Denken als
quasi notwendig darstellt. Bergson präsentiert einen eleganten
Intuitionismus, der der lesenden Öffentlichkeit gefiel und sich
international rasch verbreitete: in den USA ebenso wie im Ver-
einten Königreich und Deutschland. Im Jahr 1927 erhielt
Bergson für seine schriftstellerischen Leistungen den Literatur-
nobelpreis.

Bergson entnimmt der Evolutionstheorie eine menschen-
freundliche Prämisse: Der Mensch nämlich gehöre zwar zur
Klasse der Säugetiere, stehe aber doch weit über seinen Artgenossen. Sein qualitativer Abstand zur Tierwelt lässt sich phy-
siologisch belegen: Je differenzierter das Lebewesen, desto
deutlicher die Trennung der Funktionen des Rückenmarks, des
Gehirns und des Nervensystems. Je rudimentärer das Nerven-
system, desto mehr gehen automatisches Handeln, Instinkt und
bewusste Entscheidung ineinander über. Je weiter man in der
Reihe der Tiere hinabsteigt, desto mehr sinkt die Fähigkeit zur
freien Wahl, das heißt zu einer nicht vorhersehbaren, bewuss-
ten Reaktion auf äußere Reize. Zugleich nehmen die Intensität
der Wahrnehmung und die Fähigkeit zu lernen ab. Für das Tier
ist nahezu alles determiniert. Es reagiert «explosionsartig» und
lebt nicht.[22] Denn Leben setzt, Bergson zufolge, Bewusstsein
voraus:

«Das lebende Wesen wählt, oder es strebt danach zu wählen.
Seine Aufgabe ist: Schaffen. In einer Welt, wo alles übrige

determiniert ist, ist es von einer Zone der Indeterminiertheit umgeben. Da man, um die Zukunft zu schaffen, etwas davon in der Gegenwart vorbereiten muß, und da die Vorbereitung dessen, was sein wird, nur möglich ist durch die Benutzung dessen, was war, so ist das Leben von Anfang bestrebt, die Vergangenheit zu bewahren und die Zukunft vorwegzunehmen: in einer *Dauer*, in der Vergangenheit, Gegenwart und Zukunft ineinandergreifen und eine ungeteilte Kontinuität bilden. Dieses Erinnern und dieses Vorwegnehmen machen […] eben das Bewußtsein aus.»[23]

Das Leben selbst entwickelt ein Bedürfnis nach evolutionsbiologischer Distinktion. Es schreitet fort, getrieben von einer ihm eigenen Schwungkraft, es riskiert, wagt Neues. Die höchste Entwicklungsstufe dieses Person gewordenen Lebens stellt der Mensch dar. Er ist «der große Wurf des Lebens».[24] Erst er kann sich von purem Instinkthandeln lossagen, seinen Geist und seine Erfindungsgabe nutzen und der Lebensaufgabe gerecht werden, sich schöpferisch zu betätigen. Homo faber zu sein, ein Wesen, das seinen Intellekt nur wie ein Werkzeug benutzt, durch einen bloß zielgerichteten Verstand gelenkt wäre, wäre ihm zu wenig, erschiene ihm als tierisch.[25] Der Homo sapiens von Bergson ist getrieben durch das Bedürfnis, sich vom Tier zu unterscheiden.

Bergson kann dieses Distinktionsbedürfnis nicht belegen. Er spekuliert, angeleitet durch eine evolutionsbiologisch orientierte Mystik, dass sich das Leben weiterentwickelt. Indem er die Vorstellung vom Leben selbst belebt, hat er ein quasi deterministisches Argument gegen den Determinismus gefunden: Weil sich das Leben von seinem eigenen Determinismus emanzipieren will, sucht es – auf einer höheren Stufe des Determinismus – «Zone[n] der Indeterminiertheit» auszuloten. Bergson schlägt den Determinismus mit seinen eigenen Waffen und gibt dem Menschen seine Vorrangstellung im Tierreich zurück.

Das bewusste Lebewesen Mensch will seine Zukunft gestalten, der Unvorhersehbarkeit den Schrecken nehmen, Dauer stiften. Er kann dies aber nur auf dem Weg über die Vergangenheit. Im Erinnern und Vorwegnehmen liegt die besondere intuitive und schöpferische Leistung seines Bewusstseins. Und so erweist sich der schöpferische Mensch als bester Mensch: Er hört den Ruf des Lebens in sich, perfektioniert sich und seine Umgebung, programmiert alles auf Fortschritt. Das Leben entlohnt ihn reich: mit Freude. Und die Freude ist hart erarbeitet, durch Schaffen, Anstrengung, Kampf, durch ein Bewusstsein, das «sich härtet wie Stahl».[26] So zielt der Fabrikherr nicht auf Gewinn, sondern er freut sich daran, dass er ein Unternehmen begründet. Der Künstler strebt nicht nach Ruhm, sondern seine Freude ist göttlich. Sie entspringt aus der Begeisterung für sein vollkommenes schöpferisches Werk. Doch erst in der höchsten moralischen Freude triumphiert das Leben:

«Schöpfer par excellence aber ist derjenige, dessen hochgesinntes Handeln imstande ist, auch das Handeln anderer Menschen zu erhöhen, und edel ist, weit und breit das Feuer des Edlen zu entzünden. Die großen sittlichen Helden, und zumal diejenigen unter ihnen, deren Heroismus, ebenso genial wie einfach, dem Sittlich-Guten neue Wege gebahnt hat – sie offenbaren uns metaphysische Wahrheit. Zwar stehen sie auf dem Scheitelpunkt der Entwicklung und doch sind sie den Quellen am nächsten und lassen uns die drängende Kraft spüren, die aus der Tiefe kommt. Wenn wir durch einen Akt der Intuition bis zum Urquell des Lebens vordringen wollen, so müssen wir sie fest ins Auge fassen, so müssen wir versuchen, durch Einfühlung zu fühlen, was *sie* fühlen. Um das Geheimnis der Tiefen zu durchdringen, muß man manchmal zu den Höhen blicken. Das Feuer, das im Innern der Erde glüht, erscheint nur auf dem Gipfel der Vulkane.»[27]

Bergson begreift Schöpfung als autonome, zweckfreie Tätigkeit. In ihrer absoluten Form erweist sie sich – wie bei Emerson und Nietzsche – als Heroismus. Kampf, Kraft, Stahlhärte – diese Vokabeln mobilisieren das zeittypische Ideal des Kriegers, des Helden, der Aug in Aug für seine Ideale streitet.

Problematisch wird Bergsons Auffassung dann, wenn er über das Verhältnis von Intuition und «Urquell des Lebens», von Tiefe und Höhe, von Innerem und Gipfelhöhen schreibt. Dann nämlich wird sein Gedankengang zirkulär: Der ethische Held offenbart durch seine Schöpfung eine «metaphysische Wahrheit», die mit dem «Urquell des Lebens» ungefähr deckungsgleich ist. Und diese Wahrheit, diesen Urquell kann offenkundig nur die Intuition, die vorbewusste Kraft erschließen. Metaphysik und Biologie, bewusstes und vorbewusstes Leben sind kurzgeschlo<ssen. Die Metaphysik ist deterministisch eingeholt. Dabei hilft es nicht, dass Bergson gegen Mechanismus und Finalismus polemisiert, beide als unförmige «Konfektionskleider» bezeichnet, die auf die Wirklichkeit, den wirklichen Körper nicht passen, sondern umgenäht werden müssen.[28] Es bleibt doch bei einem unreflektierten Determinismus, der das Nicht-Deterministische nur deterministisch unterlegt, als Tatsachen-Wahrheit begreift. Die Philosophie ist, mit dem Wort Bergsons, «der wahre Evolutionismus».[29]

Dieser Evolutionismus hat problematische Folgen: Pierre Teilhard de Chardin etwa, der französische Mystiker, ließ sich nach begeisterter Bergson-Lektüre dazu verleiten, einen «Punkt Omega» anzunehmen, auf den die Evolution notwendig zulaufe. Welt, Gott und Evolution sollen in ihm geeint sein. Noch heute knüpfen Kreationisten wie Frank J. Tipler an diese Auffassung an und verweisen damit auf die Abgründe einer Anschauung, die bewusst auf etwas Metaphysisches hinter der Evolutionslehre hinauswill. Auch Tipler spricht von einem Omega-Punkt, an dem alle Informationen des Weltalls in Gott zusammenkommen sollen. Er setzt auf ein kosmisches Telos – eine schlicht spekulative Annahme.

Bergson selbst scheint das eigene Denken zum Lebensende hin unheimlich geworden zu sein. In seinem Spätwerk *Les deux sources de la morale et de la religion / Die beiden Quellen der Moral und der Religion* (1932) schlägt er aus seinem «wahren Evolutionismus» ungeahnte Funken. Sie zündeln an der Zirkularität seines intuitionistischen Denkens.

Bergson meint nämlich im Sinne seines Titels, dass die Moral sowohl aus Intellekt und Instinkt als auch aus Liebe entstehen kann. In seiner Ausdrucksweise ist die erstgenannte Moral aus der «geschlossenen Seele», die letztgenannte aus der «offenen Seele» begründet. Die «geschlossene Seele» zielt auf eine Moral der Nützlichkeit:[30] Das intelligente Individuum strebt nach dem eigenen Wohl, dem eigenen Vergnügen und dem sozialen Wohlbehagen – und trägt dabei auch zum Allgemeinwohl bei. Eine solche Moral funktioniert auf gleichsam tierische Weise, nämlich instinktiv sozial: Egoistisches Kalkül und animalischer Überlebenskampf nähern sich an. Werte sind veränderlich – je nach Bedarf und Anlass. Die «offene Seele» hingegen ist über derlei Zufälligkeiten erhaben: Ihre Intuition kehrt sich gegen den bloßen Intellekt. Selbstlos umarmt sie die Menschheit – und mit ihr das Tier- und Pflanzenreich, die Vielfalt des Lebens. Ihr Geltungsbereich ist universell; ihre Motive sind immateriell. Es geht ihr nicht um bloßes Vergnügen oder Lustempfinden. Ihre

Liebe reicht tiefer, speist sich aus Leidenschaft und damit auch aus Schmerz.

Beiden Seelenzuständen entsprechen unterschiedliche Typen der Gesellschaft: die geschlossene und die offene. Im Naturzustand war die Gesellschaft geschlossen, ein Ameisenhaufen aus ungezählten Einzelameisen, die Strohhalm für Strohhalm aufhäuften, ohne nach dem Warum zu fragen. Gesellschaften wie diese mögen überleben, sind aber gefährdet. Sie drohen an einander bekämpfenden Einzelinteressen zugrunde zu gehen. Die offenen Seelen hingegen ermöglichen eine offene, menschen- und lebensgemäße Gesellschaft. Sie kann nur für Augenblicke entstehen, in den Köpfen und Herzen besonderer Geister, die sich durch Intuition leiten lassen. Schnell zieht sich diese Gesellschaft jedoch wieder in Routine zurück, erdrückt von sozialen Verpflichtungen.

Zwischen der offenen und der geschlossenen Gesellschaft gibt es, streng genommen, nichts. Zwischenzustände, sich öffnende Seelen, sich öffnende Gesellschaften verbleiben, nach Bergson, der «geschlossenen» Seele und Gesellschaft verhaftet. Geschlossene und offene Gesellschaft sind nicht wesensgleich. Die offene Gesellschaft, die mystische Intuition, die wahre Freude aber bleiben Utopie. Es gilt, sie durch Schaffen und Schöpfung zu aktivieren, aufscheinen zu lassen. Eine vollständige moralische Reform erachtet Bergson als unvorstellbar. Er rät deshalb zu «Notbehelfen», warnt vor staatlichen Reglementierungen – und wird apokalyptisch:

«Die Menschheit seufzt, halb erdrückt, unter der Last der Fortschritte, die sie gemacht hat. Sie weiß nicht genügend, daß ihre Zukunft von ihr selbst abhängt. Es ist an ihr, zunächst zu fragen, ob sie weiterleben will, an ihr, sich weiter zu fragen, ob sie nur leben oder außerdem noch die nötige Anstrengung leisten will, damit sich auch auf unserm widerspenstigen Planeten die wesentliche Aufgabe des Weltalls erfülle, das dazu da ist, Götter hervorzubringen.»[31]

Blickt man auf das Entstehungsjahr des Zitats (1932), dann klingt dieses apokalyptische Hoffen auf eine künftige Mystik beinahe prophetisch. Sachlich zeigt es, welche Rolle der eigenen Ethik des Schaffens aus Bergsons Spätsicht zukommt: Sie ist nicht mehr und nicht weniger als Utopie. Von einer quasi naturnotwendigen Entwicklung hin zum Schöpferischen, Intuitiven kann keine Rede mehr sein. Das Schöpferische taucht nur in den Momenten auf, die einen flüchtigen Blick auf mögliche offene Seelen und offene Gesellschaften gewähren.

Karl Popper wird die offene Gesellschaft Bergsons in die Welt der 1940er Jahre hineinholen, indem er sie radikal umdeutet: Aus der Utopie wird Wirklichkeit, vergangene Wirklichkeit, ein goldenes Zeitalter von Demokratie und Toleranz, das durch die Sozialingenieure des Nationalsozialismus gefährdet ist. Das Erbe Bergsons wirkt also selbst in die rationale Philosophie hinein, die seinen Intuitionismus ursprünglich entschlossen bekämpft hatte.

Doch so weit sind wir noch nicht. Hier soll es zunächst um einen Zeitgenossen Bergsons gehen, der seine Lehren ebenso emphatisch aufnahm wie die vitalistische lyrische Poesie Amerikas. Gemeint ist Rainer Maria Rilke, der noch Whitmans optimistische Ekstase ästhetisch zu überbieten sucht.

Exaltierte Lebensbejahung: Der späte Rilke

«Hiersein ist herrlich», heißt es in Rilkes siebter *Duine-*
ser Elegie (1912/1922). Sie löst sich von der dunklen Klage der
frühen Texte Rilkes und beginnt, das Dasein zu feiern – aus der
Begeisterung für das sinnliche Erleben, die Liebe, die Natur,
das Heilige und «Freie». Wie Whitman gebraucht Rilke dazu
eine Gattung, die eigentlich für düstere Themen wie den Tod
reserviert war: die Elegie. Anders als bei Whitman aber klingt
seine Feier des «Hierseins» nicht unverhohlen positiv. Vielmehr
macht Rilkes Optimismus Wandlungen und Krisen durch,
überlagert sich mit typisch pessimistischen Diagnosen und Metaphern, und dies lässt seine Texte – im Gegensatz zu Whitmans
Fanfarenstößen – als zerbrechlich, gefährdet erscheinen.

Der junge Rilke, der Rilke der 1890er und 1900er Jahre, ging
im Glauben einer eigenwilligen katholischen und künstlerischen Religion auf, begeisterte sich für Russland, die «fremde
Seele». Die Welt aber, die zu Beginn der 1910er Jahre noch unendlich weit und weltanschaulich offen, lebenslustig und drauf-
gängerisch schien, endete mit den Gräueltaten des Krieges.
Kampfeslust kehrte sich in mehr oder minder entschlossenen
Pazifismus um. Die meisten Zeitgenossen – Rilke selbst, die
expressionistischen Dichter, Rilkes Freund, der österreichische
Essayist Rudolf Kassner – erlebten es so. Mit dem Krieg ebbte
auch Rilkes eigene Produktivität ab. Die Sprache, die eingespiel-
ten Sprachformeln und poetischen Versatzstücke – sie wollten
im Krieg nicht mehr zutreffen, versagten vor der Gewalt.

Erst Jahre nach dem Krieg schien sich die Situation für Rilke
zu verändern. Jetzt konnte wieder aufgenommen werden, was
sich vor dem Krieg schon vorbereitet und durch ihn gewan-

delt hatte: der eigene vitalistisch und sensualistisch gesteigerte Optimismus, der sich durch die *Duineser Elegien* hindurch ans Licht kämpft und in den *Sonetten an Orpheus* (1922) seinen so präzisen wie vielschichtigen Ausdruck findet.

Rilke inszenierte den eigenen Optimismus bewusst. In Briefen an die Freunde und Freundinnen, die Mäzene und Mäzenatengattinnen schildert er seinen Aufstieg und Fall wieder und wieder, verbunden mit enthusiastischen Bildern vom eigenen Schöpfertum. Im Februar 1922 sei es endlich soweit gewesen: Ein Sturm, ein Orkan, habe sich seiner bemächtigt und ihn als «Zugabe» zu den *Elegien* die *Sonette* schreiben lassen. Kontinuierlich und hart hatte er über Jahre, auch während des Krieges, auf diese Texte hingearbeitet, jetzt, plötzlich, wie im Rausch durch eine höhere Eingebung geschaffen, liegen sie vor ihm. Diese Briefpoetik entdeckt die Figur vom Dichter als Seher wieder, der nur Werkzeug der mystischen Gewalten ist, willenlos ihren Willen ausdrückt und verherrlicht. Doch entsteht zugleich eine Spannung zwischen der Rhetorik des Schöpferischen und dem formgenau gearbeiteten Werk, das die strenge und schematische Sonettform gekonnt durch Variation der Reime, Enjambements, wiederkehrende Bildketten auflöst und zu einer neuen Komposition zusammenfügt.

Diese Widersprüche zwischen der erklärten Hingabe an eine höhere Macht und der praktizierten Formstrenge lassen sich nicht restlos auflösen. Sie finden sich jedoch bereits in der Essayistik und Populärwissenschaft um 1900. Hier trifft man auf Vorstellungen sowohl von weltanschaulicher Spekulationslust und Experimentierfreudigkeit als eben auch von formaler Strenge und sittlichem Ernst. Die neue Kraft, die «seelische Energie» Bergsons steht auf der einen, der Wille zum Ewiggültigen, Verbindlichen und Normativen auf deren anderen

Seite. Avantgarde, Bohème und der elitäre Geist der «konser-
vativen Revolution» verschmelzen miteinander, mitunter bis
zur Unkenntlichkeit.

Rilke kannte die bedeutendsten Schriften aus diesem weiten
intellektuellen, häufig auch pseudo-intellektuellen und prophetischen Feld. Er las Bergson ebenso wie Oswald Spenglers
Untergang des Abendlandes (1. Band 1918) und hörte die
kruden visionären Vorträge des Propheten Alfred Schuler.[32]
Bergsons Schriften entnimmt Rilke die Gewissheit, dass eine
«schöpferische Entwicklung» unweigerlich eintreten wird,
weil die Natur und ihre tiefere Mystik es so wollen. Schulers
Vorträge konnten dieses ‹kreativistische› Bild auf ihre phantas-
tische Weise vervollständigen. Der selbsternannte «Mysterien-
forscher» verkehrte – wie Stefan George, Karl Wolfskehl und
Ludwig Klages – in den Kreisen der Schwabinger Bohème, den
Zirkeln Franziska zu Reventlows.

Schuler brachte allerlei esoterisches, ‹erneuerndes› Gedan-
kengut mit sich, das sich durch seine Anti-Haltung empfahl:
Von Ressentiments gegen Christentum, Judentum und die bürgerliche Welt geladen, entwarfen seine zwischen 1915 und 1922
gehaltenen Vorträge eine eigene Kosmogonie. Er sprach mit
mystischen Zungen, verkündete die Gegenwart einer dionysischen Antike und predigte eine eigentümliche Lichtmystik.
In der geschlechtslosen Jugend, besonders aber im Hermaphro-
diten, dem doppelgeschlechtlichen Wesen, sah er das schöpferische Potential des Menschen verkörpert. Für Schuler liegt es
eben in der Zweigeschlechtlichkeit, der «kosmischen Zelle».[33]
Der so gesehene Mensch kann sich aber erst zu sich selbst entwickeln, wenn ein freies, offenes Leben gelingt. Sinnbildlich
dafür steht die «Swastika», das Hakenkreuz, das sich wie ein
Rad dreht und so den Zyklus des Lebens veranschaulicht. Nach

Schulers Tod bekennt Rilke, dass die *Sonette an Orpheus* mit ihrer Betonung des Lebens, des Lichts, dem Motiv des geschlechtslosen Mädchens und vor allem ihrer mutigen Offenheit von Schuler profitierten.

Wie aber passt Spengler ins Bild, der Skeptiker und Befürworter der Moderne, der Denker der historischen Notwendigkeit, der für weltanschauliche Spekulationen, optimistische wie pessimistische, wenig übrig hatte? Was notwendig ist, so Spengler, entzieht sich der optimistischen oder pessimistischen Einschätzung. Es ‹ist› einfach. Rilke liest den ersten Band von Spenglers *Untergang des Abendlandes* gleich nach seinem Erscheinen 1918. Rilke begreift den Text als Bibel des neuen Jahres, der neuen Zeit, verleiht seiner Begeisterung in Glossen und Briefen Ausdruck. Der *Untergang* erscheint ihm als das, was er sein will: als große Prophezeiung der Zukunft, als rhetorisches Meisterwerk, an dem sich der Dichter schulen kann. Mit offenkundigem Interesse liest Rilke Spenglers Ausführungen über die Zahl, die Stile des Erkennens, Ägypten, die Musik, die Morphologie der Erkenntnisformen, die mechanisierte neue Welt. Doch nimmt die Emphase bald ab. Der Wille zu großen These erscheint ihm als überheblich, enttäuscht ihn im Detail, wendet sich zu entschlossen ins Abstrakte, Moderne, Unendliche, Politische. Der *Untergang des Abendlandes* bleibt eines der gültigen, möglicherweise sogar das wichtigste Werk der Nachkriegszeit, aber Rilke genügt es nicht. Mit den *Duineser Elegien* und den *Sonetten an Orpheus* setzt er seine eigenen Entwürfe gegen Spenglers Plädoyer für die Notwendigkeit.

Das Ziel dieser Gedichte ist das Rühmen des Daseins. Durch ihren hohen Ton bewähren sich vor allem die *Sonette an Orpheus* als enthusiastische Deutung einer bewegten und um ihre eigene Interpretation ringenden Zeit. Sie spinnen die schon in den *Duineser Elegien* anklingenden Töne und Motivketten weiter. Dazu zählen das Rühmen selbst, das Freie und Offene, die Begeisterung für das Dasein, das Schöne und Hässliche, die Musik und – nicht zuletzt – die Verwandlung. Sie gibt den *Sonetten* formal wie thematisch die Linie vor: Es geht um Metamorphosen der Sonettform ebenso wie ihrer Fragen und Themen; Ziel ist es, diese lebendig zu halten, schöpferisch weiterzuentwickeln, ohne je zum Stillstand zu kommen. Die *Sonette* sind die lyrische Apotheose eines positiv wahrgenommenen Schöpfungszustandes.

Dabei beginnen sie scheinbar umgekehrt: als Dokumente des Todes mit einer Widmung an die Tänzerin Wera Ouckama Knoop, die als Kind verstarb. Doch führen die Kinder- und die Todesmotivik mitten in Alfred Schulers Universum hinein: in die Feier der geschlechtslosen Jugend. Wera, die Tänzerin, die die Künste in ihrer Kunst vereint, wird zum Sinnbild des Schöpferischen schlechthin. Ihr ist Orpheus, der berühmteste Sänger der Antike, beigesellt. Die Lyrik wird zum Gesamtkunstwerk vor allem der Tonkünste, zum Ausdruck einer wiederbelebten dionysischen Antike: «Gesang ist Dasein» (Teil I, 3).

Die 26 Sonette des ersten Teils und die 29 des zweiten fügen sich zu einem Hymnus auf eben dieses Dasein zusammen und richten ihre Sinne auf alle Sphären desselben. Ausschnittsweise erzählen sie den Mythos von Orpheus und Eurydike, den Gang des Sängers in die Unterwelt und den gescheiterten Versuch, die Gattin von dort ins Leben zurückzuholen. Doch gehört auch ihr Tod zum Dasein: «Sei immer tot in Eurydike», notiert der Sprecher in belehrendem, durchdringendem Ton, «Sei – und wisse zugleich des Nicht-Seins Bedingung» (Teil II, 13). Im Sein spiegelt sich das Nicht-Sein. Die Sphären sind nicht zu trennen – und in ihrer Untrennbarkeit gut, wünschbar, ideal. Ein Paradies gibt es nicht. Alles findet im Jetzt und Hier statt.

In dieses Jetzt und Hier gehören die Blumen (Rosen, Anemonen), die Früchte (Äpfel, Birnen, Bananen, Stachelbeeren, Orangen), die Sarkophage Roms, in denen Wasser fließt, die Maschinenwelt mit ihrer archaischen Kraft, das Geld auf der Bank, das Einhorn, Mädchen und Knaben, die Säulen des Tempels im ägyptischen Karnak, der Atem, der Weltraum, die Wandlung, die eins ins andere überführt. Die eigenwillige Konstruktion der Sonette trägt zu dieser Themen- und Motivführung bei: Unaufhörlich variiert Rilke die Sonettform und lässt ein Sonett in das nächste hinübergleiten. Sprachbilder und Synästhesien («Tanzt die Orange», Teil I, 15) versinnbildlichen den lebensbejahenden Gehalt der Gedichte:

«Und wenn dich das Irdische vergaß,/zu der stillen Erde sag: Ich rinne./Zu dem raschen Wasser sprich: Ich bin» (Teil II, 29). Mit diesen orakelhaften Worten enden die *Sonette*. Sie verkünden eine frohe Botschaft: eine Religion des Daseins, der unaufhörlichen Wandlung. Diese Religion beschreibt mehr als eine beste Welt: Sie schildert eine künstlerisch, symbolistisch gesteigerte Welt, in der alles belebt ist, alles bedeutungsvoll ist. Wenn die späte Lyrik Rilkes so etwas wie seine persönliche Kunstreligion darstellt, dann lässt sich diese als ästhetischer Animismus oder als spiritueller Über-Optimismus beschreiben.

VI. Wie böse ist der Optimismus?
Kritik des Optimismus

In den 1930er Jahren aber verloren solche künstlerischen Entwürfe ihre Unschuld. Aus der Weltanschauungsliteratur der Jahrhundertwende erwuchs ein hässliches Gebräu nationalistischer, rassistischer und sozialistischer Vorstellungen. Wer jetzt emphatisch über Blut, Licht und Hakenkreuze phantasierte, musste damit rechnen, zum Dunstkreis des Nationalsozialismus gezählt zu werden. Die Positionierung zur Partei wurde zur Kardinalfrage: Kollaborierte man oder nicht? Seit 1920 lag das berüchtigte 25-Punkte-Programm der Nationalsozialistischen Deutschen Arbeiterpartei auf dem Tisch. Spätestens seit den Novemberpogromen des Jahres 1938 bestand am brutalen, antisemitischen Machtwillen Hitlers kein Zweifel mehr. Die Verbrechen des Nationalsozialismus erforderten einen neuen Ernst des Denkens und Schreibens. Es galt, nach Erklärungen für die Gräuel zu suchen, die das vorläufige Ende der Zivilisation bedeuteten. Für positive Zukunftsentwürfe oder gar Optimismus blieb in dieser Lage wenig Raum.

Denkende Zeitgenossen unterschiedlicher intellektueller Herkunft und politischer Couleur suchten nach den Dynamiken der Zivilisation, die auf ihr Infernal hingewirkt haben mussten. Kein Erklärungsmuster war zu weitläufig, keine Spekulation zu abwegig. Alles musste erwogen werden, um zu wissen, was passiert war – und wie es weitergehen konnte. Die Situation des Exils, in der sich deutsch-jüdische Denker befanden, sofern sie rechtzeitig fliehen konnten, dramatisierte die Auseinandersetzung: Fieberhaft forschten Theodor W. Adorno, Max Horkheimer, Hannah Arendt, Karl Popper, Friedrich A. Hayek und viele andere mehr in Kalifornien, New York, Paris, London, Neuseeland nach den Ursachen des faschistischen Terrors.

Wortgewaltig brachten sie geistige Traditionen, Begriffe, ideologische Bausteine gegen den Nationalsozialismus in Stellung – und überschätzten ihn als intellektuelle Bewegung. Das war er nicht. Vielmehr misstrauten Hitler und sein Kreis allem Intellektuellen, Abstrakten. Hitlers Reden und Schriften klaubten aus weltanschaulichen und populärwissenschaftlichen Essays, Vorträgen und Reden der 1920er und 1930er Jahre zusammen, was in sein anti-zivilisatorisches Weltbild passte. Sein Bedürfnis nach ästhetischer Monumentalität, dem hyperklassizistischen NS-Kitsch – weiße Rasse, rote Fahne, dunkler Marmor – bestätigen das Bild eines gescheiterten Künstlers, der seinen artistischen Misserfolg im politischen Amt kompensierte. Hitlers Säulenheilige, Oswald Spengler und Stefan George, die Denker und Dichter eines elitären, heroischen Führer- und Reichsprinzips, wollten mit diesem Provinzling jedoch nichts zu tun haben. Ihnen erschien der Volksverhetzer mit Schnauzbart so gar nicht als neuer Cäsar. Die Zivilisation degenerierte in der Zeit des Nationalsozialismus weniger aus sich selbst, als durch die braune Rebellion gegen sie.

Im Exil der 1940er Jahre, unter den Bedingungen existentieller Not, amalgamierten sich Vorbehalte gegen die Technisierung der Zivilisation und gegen die sogenannte «konservative Revolution» der 1920er und 1930er Jahre mit Versuchen, den

Nationalsozialismus zu erklären. In der Folge wurden Optimismus und Pessimismus, Fortschrittsglaube und Heldentum wechselweise zu Ursachen für die ideologischen Eskalationen der Diktatur erklärt. Große weltanschauliche Thesen sollten den Aufstieg und Fall der westlichen Zivilisation erklären. Dabei bildeten sich zwei Fraktionen, deren Erklärungen sich gleichwohl überlagerten.

Die einen – allen voran Fritz Stern mit seinem Buch *Kulturpessimismus als politische Gefahr* (1961) – vermuteten die Ursprünge des Nationalsozialismus in pessimistischen Einstellungen, deren Feind die Kultur war. Der Kulturpessimismus stellte sich für diese Fraktion der Erklärer des Nationalsozialismus als Alternativprogramm zur Aufklärung, zur Individuation, zu den Salons, den Banken dar. Seinen Geltungsanspruch bezog solcher Pessimismus aus einem entschlossenen Rassismus, aus dem Konstrukt einer «nordischen Rasse», die auf Natur und Natürlichkeit zielte und der Kultur feind war. Schriften wie *Der Mythus des 20. Jahrhunderts* (1934) von Alfred Rosenberg, dem «Chefideologen» Adolf Hitlers, passen zu Sterns Einschätzung.[1] Dessen Erklärung hat den Vorzug, dass sie den Mythos widerlegt, die nationalsozialistischen ‹Erlöser› hätten ein pessimistisches Volk zu Licht und neuem Optimismus emporgeführt. Denn die ‹Erlöser› waren die eigentlichen Pessimisten. Zugleich aber erklärt Sterns Deutung das optimistische Selbstbild der Nationalsozialisten nicht.

Auch im Blick auf dieses positive Selbstbild beschuldigte eine andere Gruppe von Denkern den Optimismus – einen retrospektiv zusammengezimmerten Optimismus idealistischer Herkunft, vermischt mit einem ebenso grob verleimten teleologischen Fortschrittsoptimismus des 19. Jahrhunderts – an den Verbrechen des Nationalsozialismus schuld zu sein. Zu dieser

Fraktion zählten Popper und Hayek ebenso wie Adorno und Horkheimer. Doch auch ihre Erklärungen gelingen nur bedingt. Denn die Bevölkerung der 1930er und 1940er Jahre, speziell die gebildete Bevölkerung, verarbeitete die Zeitumstände durchaus komplex: Sie kritisierte den allzu schlichten und einlinigen Fortschrittsoptimismus des 19. Jahrhunderts ebenso wie die Propheten des Untergangs, und beides zusammen mündete in den 1930er Jahren in einen «gestaltungswilligen Grundkonsens» der bürgerlichen Mitte.[2]

Infolge solcher Einsichten wirken die Erklärungsansätze der Exilanten heute vor allem aus sich selbst: Sie erscheinen als Dokumente für eine intellektuelle Reaktion auf die Gräuel des Nationalsozialismus, und als solche prägen sie unsere Sicht auf Optimismus und Pessimismus nach wie vor erheblich. Adorno, Horkheimer, Popper und Hayek entwickeln Theorien des Optimismus (und des Pessimismus), die die polemischen Begriffe «Optimismus» und «Pessimismus» erneut polemisch nutzen: als vereinfachende Erklärungsschemata für Einstellungen in einer aufgeregten Zeit, welche zu großangelegten Thesen über die politisch fatale Wirkung von Optimismus und Pessimismus führen. In der Folge dieser erneuten Welle der Polemik erschienen der Optimismus und der Pessimismus selbst als diskreditiert.

Reflexionsoptimismus: Adorno und Horkheimer

Das nach wie vor einflussreichste Buch, das diese Entwicklung einleitete, war der Essayband *Dialektik der Aufklärung* von Horkheimer und Adorno. Verfasst in Los Angeles im Mai 1944, entfaltete er vor allem in den 1960er Jahren seine

Wirkung und wurde zum Kultbuch der Studentenbewegung. Die Gründe für diesen Erfolg sind vielfältig: Erstens kehrten Adorno und Horkheimer aus dem Exil nach Deutschland zurück und prägten die akademische Szene ihrer Zeit durch ihr öffentliches Wirken.[3] Aus dem zerstörten Frankfurt heraus schufen sie zweitens eine neue intellektuelle Kultur des Denkens ex negativo: eine radikale Kritik am Bestehenden, die kein richtiges Leben im falschen anerkennen wollte. Drittens vermittelt die elogenhafte Rhetorik dieses Denkens noch dem gegenwärtigen Leser der *Dialektik der Aufklärung* einen besonderen Eindruck: Er kann sich auserwählt fühlen, gehört er doch zu einem kleinen Kreis derer, die ‹es› erkannt haben und sich durch ihre Einsicht in die Abgründe der Zivilisation von ihrem Schwanengesang tragen lassen dürfen.[4] Dieser Schwanengesang ist notwendig «Fragment» geblieben, wie Horkheimer und Adorno selbst schreiben; er ist sich seiner selbst unsicher. Viertens aber wird diese Unsicherheit mit einem Mut zur großen These zelebriert, der öffentliche Aufmerksamkeit garantiert: der These vom Scheitern der Aufklärung durch eine Vernunft, die sich gegen sich selbst wendet.

Diese These gründet sich auf einen bewusst ahistorischen Aufklärungsbegriff. Horkheimer und Adorno übersetzten «Aufklärung» vereinfacht mit Vernunft-, Wissenschafts- oder Fortschrittsoptimismus: Die Aufklärung wird zu einer zeit- und ortlosen Bewegung, zum optimistisch «fortschreitenden Denken» schlechthin stilisiert.[5] Als dessen einziger Beweggrund erweist sich die «instrumentelle Vernunft», die die Natur durch Wissen beherrschen und den Menschen von der erdrückenden Macht des Mythos befreien will. Sie setzt sich selbst absolut. Durch ihr Streben nach dem Besten, nach der Freiheit des Menschen, der Emanzipation aus der Unmündigkeit glaubt sie sich immer schon legitimiert, immunisiert gegen jede Kritik.

Diese Stilisierungen der Aufklärung leben von Max Webers großen Thesen zur Entwicklung der modernen Gesellschaften: von Webers Beschreibungen einer «Entzauberung» der Welt durch die neuzeitlichen Wissenschaften und die «Verweltlichung» des Alltagslebens durch die Dogmen und die interne Dynamik der protestantischen Kirchen. Weber griff dabei seinerseits auf Erklärungsschemata der Geschichtsphilosophie zurück. Danach liegt im Christentum selbst schon ein Keim der Verweltlichung: Es will das Heil vom Himmel auf die Erde bringen, Gott in jedem Baum und Strauch entdecken. Weber trieb diese Annahme durch Beobachtungen, historisches Material und nicht zuletzt durch zahlreiche amüsante Anekdoten weiter. «Innerweltliche Askese» bestimmt aus seiner Sicht die Lebenswelt speziell der Protestanten: Sie haben auf ihre soziale Glaubwürdigkeit zu achten, um in der Kirche akzeptiert zu werden und vice versa. Im Ergebnis steht eben jene Säkularisierung des Denkens und Handelns, die Weber beschreibt. Heute gelten seine Thesen noch immer, weil sie vergleichsweise gut belegt wirken. Doch neigt man dazu, Webers Thesen von der «Entzauberung» und «Verweltlichung» Gegenthesen beizugesellen: Der «Entzauberung» entspricht die Wiederverzauberung durch den Trend hin zur Esoterik, der «Verweltlichung» die Sakralisierung, etwa durch die Verbreitung des Islam – auch wenn diese Entwicklungen in westlichen Gesellschaften bloß punktuell sind und nur auf einzelne Individuen oder Gruppen zutreffen.[6]

Die *Dialektik der Aufklärung* aber hält Webers Thesen unbefragt für wahr, steigert sie rhetorisch und zieht sie zu einer neuen geschichtsphilosophischen Dialektik zusammen. Hier entwickelt sich nichts zu einer optimistisch gedeuteten Synthese, sondern verbindet sich allenfalls in der Degeneration. Wie Adorno in seinem anti-leibnizschen Artikel «Monade» notiert: Seit dem Zerfall der Polis, des Gemeinwesens der Antike, wird das Individuum aus der gesellschaftlichen Einheit freigesetzt, in den Markt getrieben und Diktatoren unterstellt.[7] Der Emanzipationsversuch gerät zur Unterjochung durch Maschine und Technik, die Logik zum Diktat der Zahl, die Liberalisierung des Geschmacks zum grellen Schein der Kulturindustrie, die Herzensliebe zur perversen sexuellen Akrobatik eines Marquis de Sade und so weiter. Das gut Gemeinte schlägt scheinbar zwangsläufig in sein Gegenteil um. Doch ist diese Zwangsläufigkeit nicht bewiesen – vielmehr wird sie durch Rhetorik suggeriert. Die post-aufklärerische Kritik an der vermeintlich aufklärerischen Vernunft-Mythologie erweist sich selbst als Mythos.

Aus dem fatalen Rad des vernunftaufklärerischen Schicksals entkommt der Mensch, Horkheimer und Adorno zufolge, nur durch eines: Reflexion. Erst wenn sich die Aufklärung auf sich selbst besinnt, «vergangene Hoffnung» einlöst, dann könne sie werden, was sie zu sein verspricht, vermerken Horkheimer und Adorno in ihrem Vorwort zur 1969 erschienenen Neuausgabe.[8] Zwar bleibt diese Hoffnung auf die Hoffnung der Sache nach dunkel, aber sie schlägt doch einen optimistischen Funken: Aus der Reflexion der Vernunft, der Reflexion der Reflexion entsteht das Gute, undialektisch. Die Gefahr der Umkehr in sein Gegenteil ist durch die Reflexion darauf gebannt.

Die *Dialektik der Aufklärung* schickt also das «fortschreitende Denken» eines fiktionalen Vernunfts-, Wissenschafts- und Fortschrittsoptimismus in den reflexiven Lernprozess. Es soll sich an sich selbst abarbeiten, an den eigenen Vorstellungen,

Hoffnungen, dem Eingelösten und Nicht-Eingelösten. Das Ergebnis bleibt offen. Es besteht in einer Normativität, die ohne Normen auskommen muss und alle Moral als Täuschung betrachtet.[9] Was bleibt, ist ein hoffnungsfroher Reflexionsoptimismus nach dem Ende der Reflexion.

Dieses optimistische Nullsummenspiel, das keine handfesten Lösungen aufweisen konnte und wollte, war den Kritikern Adornos und Horkheimers einerseits zu viel, andererseits zu wenig. Zu viel, weil es von starken geschichtsphilosophischen Thesen ausging. Zu wenig, weil seine Ergebnisse nicht befriedigten, zu kritisch waren, zu wenig optimistisch in einem vernunftaufklärerischen Sinne. Sie ließen die Zeitgenossen letztlich ohne Orientierung, überantworteten ihr Denken und Handeln allein dem Reflexionsgebot. Andere Kritiker des Nationalsozialismus versuchten deshalb, die Vernunftaufklärung selbst wiederzubeleben. Sie attackierten nicht jedweden, sondern nur einen bestimmten Optimismus: den tyrannischen Optimismus, der seine Ideen absolut setzt und die Welt mit politischen Mitteln in diesem Sinne gestalten will, ohne nach den Bedürfnissen der Menschen zu fragen.

Wider den tyrannischen Optimismus: Popper und Hayek

Zu den Kritikern dieses tyrannischen Optimismus zählen liberale Denker wie Karl Popper und Friedrich August Hayek. Zwei Überzeugungen einen sie. Erstens: Terrorregime wie der Nationalsozialismus speisen sich aus ideologischem Wahn, aus verblendeten, weltfremden und menschenfeindlichen Ideen. Zweitens glauben Popper und Hayek, die als Wiener mit der Logik und Erkenntnistheorie des Wiener Kreises (Rudolf Carnaps, Otto Neuraths und anderer) vertraut sind, an die positive Macht der Vernunft. Anders als Adorno und Horkheimer führen sie eben diese Vernunft gegen das tyrannische Denken ins Feld und begründen einen eigenen, rationalistischen und liberalen Optimismus. Ihre philosophischen Gegner heißen Platon, Hegel und Marx. Die politischen Feinde erblicken sie im Sozialismus jeglicher Couleur, im Nationalsozialismus ebenso wie im Sozialismus Marxscher Prägung.

Popper erörtert seine Gesellschaftsphilosophie in einem Buch, dessen Titel er Bergson verdankt: *Die offene Gesellschaft und ihre Feinde*, geschrieben im Exil in Neuseeland zwischen 1938 und 1943. Bergson meinte mit der «offenen Gesellschaft» eine Gesellschaft, die sich der Intuition hingibt, wenige oder keine Routinen, Tabus, Normen und Regeln kennt. Popper knüpft an diese Erörterung an – jedoch nicht im intuitionistischen Sinne Bergsons, sondern kritisch und rationalistisch. Poppers offene Gesellschaft ist zivilisiert, demokratisch, frei; die Alltäglichkeit ist nicht ihr Problem. Vielmehr sieht sie ihre eigene Zivilisation, ihre Demokratie, ihre Freiheit und Weltoffenheit bedroht. Als Schreckbild steht ihr die «geschlossene Gesellschaft», die Stammesgesellschaft mit ihrem Mythenglauben und ihren Riten gegenüber. Diese Stammesgesellschaft sieht Popper Ende der 1930er Jahre erneut, in veränderter, eben faschistischer Form heraufziehen.

Popper erklärt diese Gefahr aus dem Pessimismus und der Zukunftsangst der Bürger. Diese Angst treibe sie in die Arme der gefährlichen großen Männer: der demokratiefeindlichen Politiker, die ein totalitäres Heil auf Erden versprechen, und der Philosophen und Historiker, die – wie Spengler – meinen, sie könnten die Zukunft vorhersagen und im Sinne ihrer eige-

nen Ideen steuern. Diese Selbstsicht aber erweist sich als falsche
Prophezeiung, als intellektuelle Anmaßung. In diesem pseudo-
prophetischen Idealismus jedenfalls erblickt Popper den Grund
für die Anziehungskraft totalitärer politischer Systeme.

Gegen solche Denksysteme und gegen ihre realpolitische
Umsetzung lässt sich zweierlei anmerken: Zum einen überse-
hen sie die Kontingenz des Lebens. Die totale Planbarkeit ist
eine Illusion. Zum anderen fragt sich, wie sich das Leben aller
Zufälligkeit zum Trotz in bester Weise und mit Blick auf die
Situation des einzelnen Menschen einrichten lässt. Popper geht
dabei von einem optimistischen Menschenbild aus. Sein Mensch
will und muss gestalten, Passivität kann er nicht aushalten – sie
würde ihn mental zerstören. Doch darf er sich nur für Kon-
kretes einsetzen, im Einzelfall und im überschaubaren Rahmen.
Er will seine Zukunft, sein Schicksal selbst bestimmen. «Statt
als Propheten zu posieren, müssen wir zu den Schöpfern unseres Geschicks werden», so lautet der dringliche Appell an den
Leser.[10]

Zu diesem Zweck benötigt Poppers optimistischer Mensch
einen methodischen Ansatz, der empirisch und überprüfbar
ist. Popper schlägt einen Methodenmix vor, der als kritischer
Rationalismus bekannt ist: Grundidee dieses Ansatzes ist, dass
alle Menschen bestimmte Standards von Rationalität miteinander teilen und sich intersubjektiv verständigen wollen. Sie beschreiben oder rekonstruieren Sachverhalte, gegenwärtige und
historische, politische Ideen oder logische Theorien. Diese Beschreibungen und Theorien können falsifiziert werden, um der
Wahrheit ein Stück näher zu kommen. Eine absolute, objektive,
verifizierte Wahrheit oder letzte metaphysische Sicherheit gibt
es im Denken Poppers nicht. Es kann und darf sie auch nicht
geben, denn sie würde gottgleiche Umsicht und Einsicht in das

gesamte Weltgeschehen voraussetzen. Daran glaubt Popper mit offenkundig guten Gründen nicht. Nur das Verfahren der Falsifikation, der Widerlegung von Beschreibungen oder Theorien durch empirische Daten, historische Sachverhalte, plausible Argumente ist zulässig. Durch Falsifikation entsteht Erkenntnisfortschritt: Wir erfahren, was nicht stimmt – und sind auf diese Weise stetig mit den Grenzen unseres Wissens konfrontiert. Idealistische Vorstellungen haben dabei prinzipiell einen schlechten Stand.

Aus seinem epistemologischen Optimismus gewinnt Popper einen innerweltlichen Realismus. Er bemüht sich um ein zeitgemäßes Verständnis von Vergangenheit und Wirklichkeit, erlaubt moderate, wirklichkeitsnahe positive Vorstellungen, keine großen Ideen oder Ideologien. Mehr noch: Die rationale Rekonstruktion ist geradezu ein optimistisches Instrument gegen die ideologische Überforderung des Menschen, wie sie Popper etwa in Platons Philosophenstaat oder in Marx' revolutionärer Kapitalismustheorie gegeben sieht. Entsprechend empfiehlt Popper der offenen Gesellschaft ein fallbezogenes «piecemeal social engineering» («allmähliches Sozialingenieurwesen») und weist das «utopian social engineering» («utopische Sozialingenieurwesen») entschieden zurück.[11] Im Sozialen und Politischen gilt wie in der Erkenntnistheorie, dass wir nur aus unseren Fehlern lernen können und absolute, ideale Wahrheit nicht zugänglich ist.

Auch nach der Publikation der *Offenen Gesellschaft* blieb Popper diesen Grundlinien seines Denkens treu, nahm aber die Radikalität seiner Kritik zurück. Er spricht davon, dass es ihm in diesem Buch vor allem um den um sich greifenden Sozialismus unterschiedlicher Couleur gegangen sei. Gegen diesen wollte er polemisieren. Auch lässt er später ahnen, dass die

idealistische Askese, wie sie die rationale Rekonstruktion nahe-
legt, nicht zu weit getrieben werden sollte. Jenseits des ‹trial and
error›-Prinzips erkennt Popper durchaus soziale Ziele mittlerer
Reichweite an, die über bloße Falllösungen hinausgehen.

Poppers Kollege Hayek machte es sich zur Aufgabe, Gedanken wie diese eigenständig aus ökonomischer und politischer
Perspektive weiterzuspinnen und konkrete Maßnahmen vor-
zuschlagen. Auch hat Hayek mit Popper selbst über die *Offene
Gesellschaft* diskutiert, und Popper dankte ihm dafür. Wenn
sich beide auch nicht in jeder Hinsicht einig waren, teilten sie
doch grundsätzliche liberale Annahmen.[12] Ihr Einfluss auf-
einander fand mit der Gründung der liberalen Mont Pelerin
Society im Jahr 1947 sogar ein institutionelles Forum.

Friedrich August Hayek verließ Österreich bereits im Jahre
1931. 1938 nahm er die britische Staatsbürgerschaft an und ge-
wann großen Einfluss auf die Politik des Landes. Den Grund-
stein dafür legte er mit seinen weit verbreiteten weltanschaulichen Büchern. In einem Radiobeitrag des Jahres 1945 nutzte
kein geringerer als Sir Winston Churchill Hayeks *Weg zur
Knechtschaft* (1944) für die Propaganda gegen den Nationals-
zialismus ebenso wie gegen die Labour-Partei. Margaret Thatcher glaubte an Hayeks *Verfassung der Freiheit* (1960) wie an
die Bibel.[13] Beide Bücher Hayeks entstammen einer Erfahrungswelt, die von den aufstrebenden Sozialismen Deutschlands und
Englands, dem Nationalsozialismus wie dem Sozialismus von
Labour, geprägt war. Die Entstehung des Sozialismus analysiert
Hayek mit dem französischen Liberalen Alexis de Tocqueville
– eben als «Weg zur Knechtschaft». Sein Buch darüber betrachtete er als optimistischen liberalen Gegenentwurf.

Der *Weg zur Knechtschaft* setzt bei einem britischen Vorur-
teil der 1940er Jahre an. Viele Zeitgenossen gingen damals da-

von aus, dass der Nationalsozialismus eine kapitalistische Reaktion gegen den Sozialismus sei. Hayek will das Gegenteil zeigen und seine Zeitgenossen warnen. Seiner Auffassung nach führen alle Formen des Kollektivismus, also speziell der Sozialismus, unvermeidbar in die Tyrannei. Seine jüngsten Erscheinungsformen finden sich im Nationalsozialismus und im Stalinismus. Wie Popper, allerdings politisch und ökonomisch spezifischer, attackiert Hayek also einen Idealismus, genauer: einen Kollektivismus, den er als tyrannisch begreift. Dieser Kollektivismus entstammt einem allzu optimistischen Menschenbild, dem die Wirklichkeit nicht entspricht, der Vorstellung nämlich, man könne aus dem Staat den Himmel auf Erden machen. Hayek zitiert dabei bewusst Hölderlin, den idealistischen Dichter, auf den sich noch der ‹falsche› Idealismus beruft: «Immerhin hat das den Staat zur Hölle gemacht, daß ihn der Mensch zu seinem Himmel machen wollte.»[14]

Dieser ‹falsche› Idealismus folgt dem dialektischen Entwicklungsmuster, wie es Horkheimer und Adorno für ihr Konstrukt der Aufklärung beschreiben: Im 19. Jahrhundert bemühte sich jener Idealismus begrüßenswerterweise noch um die Emanzipation des Individuums aus den Ketten der Stände. Doch im 20. Jahrhundert sei er nach und nach in sein Gegenteil umgeschlagen: Aus dem Bemühen um soziale Wohlfahrt und materielle Gleichheit wurde die Wohlstandsgesellschaft. Sie übersteigt, so Hayek, die Grenzen der vernünftigen sozialen Entwicklung. Die Schuld an dieser janusköpfigen Karriere von Wohlstand und materieller Gleichheit schiebt er dem deutschen Denken im Ganzen zu: Hegel, Marx, der Ökonom Gustav Friedrich von Schmoller oder der Soziologe Karl Mannheim, ebenfalls ein Exilant – sie alle müssen sich Hayeks pauschale Kritik gefallen lassen. Wenn auch die Idee des Sozialismus nicht oder zumindest nicht allein aus Deutschland stamme – sie sei doch dort «vervollkommnet» worden.[15] Zu diesen ‹Perfektionierungen› aber trugen, was Hayek ignorierte, unter anderem das romantische Gemeinschaftsdenken und die rassistischen Lehren des englischen Schriftstellers Houston Stewart Chamberlain bei.

Hayek zufolge wurden deutsche Arbeiter und die idealistische Jugend seit 1914 mit einem Konglomerat aus idealistischen und nationalistischen Ideen ideologisiert. Als Beleg dient ihm die problematische Schrift *Händler und Helden* aus der wirtschaftshistorisch geschulten Feder des Soziologen Werner Sombart (1915). Sombart wandte sich dort gegen Handelsgeist und Konsumfreude, die er – durchaus nationalistisch – den Engländern zuschrieb. Dieser ‹verweichlichten› Zivilisation stellte er die deutschen Helden entgegen, die im Krieg ihr Leben für das Kollektiv, für Volk und Vaterland riskierten. Sombarts heroischer Kollektivismus stößt Hayek verständlicherweise ab.

Die Argumentation, die er daran anknüpft, ist gewagt, aber bestechend. Hayek argumentiert nämlich, dass der Kollektivismus notwendig und unausweichlich in die Diktatur abgleiten muss: Zunächst einmal hofft eine neu eingerichtete sozialistische Wirtschaftsordnung auf die Planungskapazitäten eines Kollektivs. Doch die zentrale Planung kann nicht funktionieren, denn die spontanen Kräfte der freien Gesellschaft stehen ihr nicht zu Gebote. Auf unbekannte neue Bedürfnisse und unvorhersehbare Ergebnisse kann die zentral geplante, von einer Führungsgruppe vergleichsweise langfristig festgelegte Gesellschaft nicht reagieren. Eine solche Gesellschaft ist ökonomisch notorisch überfordert. Infolgedessen wird sie von Zerwürfnissen geplagt und neigt zu einer einfachen Lösung: derjenigen nämlich, einen Diktator einzusetzen, der schnell und effizient im Sinne der Kollektivideen entscheidet – der Dynamik von Markt und Gesellschaft jedoch notwendig hinterherhinkt. Der Diktator wird entsprechend versuchen, jede soziale Dynamik, Unkalkulierbarkeit, Abweichung von der vorgesehenen ideellen Marschroute hart zu sanktionieren. Maßloser Totalitarismus ist die Folge einer Kollektivherrschaft, die als idealistisches Projekt begonnen hatte. Der «Weg in die Knechtschaft» also beginnt mit der sozialistischen Idee und gipfelt in der Zerstörung individueller Freiheit.

Doch hat Hayek damit nicht jedwede idealistische oder optimistische Ideologie abgelegt. Er erweist sich in dieser Hinsicht nicht nur als weniger skeptisch als Popper, sondern er klagt – als Gegengift zu sozialistischen Ideen – sogar ein entschiedenes Bekenntnis zur liberalen Grundidee der Freiheit ein. *Die Verfassung der Freiheit* entwickelt diese Idee. Hayek bestimmt Freiheit – konsequent liberal – ex negativo: als weitgehende Abwesenheit von Zwang. Zwangsmaßnahmen gebühren in freien Gesellschaften dem Staat nur, insofern er das Privateigentum und die Sicherheit des Einzelnen schützen muss. Allerdings ist die Balance hier subtil: Die Staatsmacht kann im Namen der Sicherheit leicht ausgreifen und muss durch einen starken Freiheitsbegriff eingeschränkt werden.

Die Verfassung der Freiheit entstand zehn Jahre nach dem *Weg zur Knechtschaft* in Kairo und Chicago. Das Buch reagiert entsprechend auf ganz andere Problemlagen als der Vorgängertext: auf den Niedergang des Sozialismus ebenso wie auf den erstarkenden marktwirtschaftlich organisierten Wohlfahrtsstaat. Durch das Ende des Nationalsozialismus und des Stalinismus hat der Sozialismus, Hayek zufolge, seine intellektuelle Anziehungskraft verloren. Die Schreckensherrschaft in der Sowjetunion der Nachkriegszeit und der Kalte Krieg führen die

Probleme des zum Totalitarismus degenerierten Sozialismus vor Augen. Zugleich haben die westlichen Demokratien ein erfolgreiches, wenn auch problematisches sozialökonomisches Modell entwickelt: den Wohlfahrtsstaat. Er hat den Sozialismus ersetzt, doch sein Konzept ist gänzlich unklar – und hier knüpft Hayek in kritischer Absicht an.

Im Zentrum der *Verfassung der Freiheit* steht die Frage, wie eine Gesellschaft Wohlstand erlangen und erhalten kann, um die Freiheit und die Entfaltungsmöglichkeiten des Individuums zu mehren. Diese Frage ist deshalb schwierig, weil Wohlfahrtsstaat, Wohlstandsmehrung und individuelle Freiheit nicht ohne weiteres miteinander einhergehen. Der Wohlfahrtsstaat der Gegenwart sei zwar unverzichtbar und begrüßenswert, denn das «Ethos der Reichen», ihr mögliches wohltätiges Engagement, kann – anders als noch Adam Smith dachte – soziale Standards in der Massengesellschaft nicht mehr sichern.[16] Aber der Wohlfahrtsstaat tendiert aus Hayeks Sicht in eine problematische Richtung: Er setzt auf Expansion und distributive Gerechtigkeit – und gefährdet damit die Wohlstandsmehrung. So begrüßenswert und unverzichtbar er auch sei – er müsse eingehegt werden, um die individuelle Dynamik der Gesellschaft, den Wettbewerb der Märkte nicht zu gefährden. Auch wecke er falsche Hoffnungen aufseiten der Massen, ja führe zu einer neuzeitlichen Tragödie: Diese Massen meinen nämlich, sie profitierten, wenn sie den ‹Reichen› Einkommenschancen raubten und diese soziale Gruppe überhaupt zerstörten. Dabei erkennen sie nicht, dass es ganz wesentlich diese Gruppe ist, die sie in ihren Unternehmen und durch ihre Luxusbedürfnisse mit Arbeit versorgt.

Hayek plädiert daher dafür, Chancengleichheit und individuelles Engagement zu befördern, ohne den Staat aus seinen

Pflichten zu entlassen. Er arbeitet damit deutlich jenen zentralen Konflikt der Theorie des Wohlfahrtsstaats heraus, der sie bis heute beschäftigt: den Konflikt zwischen Chancengleichheit, für die Hayeks liberale Theorie sich stark macht, und materieller Gleichheit, von der sozial orientierte Wohlfahrtsstaatsmodelle sprechen.

Wissen, Kommunikation und Erziehung – so lauten die zentralen Elemente, die für einen liberalen Wohlfahrtsstaat benötigt werden. Hayek konzipiert seinen Wohlfahrtsstaat – auch inspiriert durch Popper – bereits als Wissensgesellschaft: als Gesellschaft, die auf Chancengleichheit setzt und diese durch Bildung, in unterschiedlichen Schulformen, staatlichen und privaten, verwirklicht, akademische Freiheit gewährt und ihre Produkte aus geistiger Tätigkeit schöpft. Hayek nennt auch konkrete politische Konsequenzen seines Staatsmodells: Das System sozialer Sicherheit wäre auf ein System zu reduzieren, das nur im Notfall einspringt. Der Staat, so meint Hayek, kann es eben nicht besser als private Träger – und nennt den englischen National Health Service als Beispiel für eine ineffiziente staatliche Gesundheitsbürokratie. Auch wendet sich Hayek gegen die progressive Besteuerung von Einkommen. Sie nehme Anreize zurück, ökonomisches Risiko zu tragen, nach höherem Einkommen zu streben – und damit den Konsum einer Gesellschaft anzukurbeln. Vielmehr sollte der Markt bestimmen, was die Arbeitskraft wert sei.

Liberale Gesellschafts- und Marktmodelle wie dasjenige Hayeks sind von Optimismus gegenüber den Möglichkeiten des Individuums und des Marktes und von einem mehr oder minder pessimistischen Staatsbild geprägt. Individuum, Gesellschaft und Markt erscheinen als dynamisch; der Staat wirkt träge, ineffizient, bürokratisch und lähmend. Bei Hayek schlägt das Pendel besonders stark in beide Richtungen aus, in die optimistische wie in die pessimistische, was ihm von den Zeitgenossen und der Nachwelt verübelt wurde.

Nicht zufällig spricht man von einer Frontstellung zwischen Radikalliberalen wie Hayek und gemäßigten Liberalen, der Freiburger Schule des Ordoliberalismus und Ludwig Erhard. Erhard nämlich dämpfte sowohl den optimistischen Individualismus als auch das pessimistische Bild vom Staat. Sein Buch *Wohlstand für alle* (1957), die Bibel der frühen Bundesrepublik, legt davon beredt Zeugnis ab: Erhard wendet sich – wie Hayek von der Kritik am Nationalsozialismus geprägt – gegen den «sozialen Untertan» und plädiert für den eigenständigen, selbstverantwortlichen Bürger.[17] Ihm springt aber ein Staat zur Seite, der mehr ist als ein bloßer Nachtwächterstaat: ein fürsorgender Staat, der über Fairness auf dem Markt wacht, gegen Kartelle vorgeht und Verbraucher schützt, ohne in den «Versorgungsstaat» abzugleiten.

Diese Diskussion zeigt nicht nur, wie folgenreich der Nationalsozialismus für die Geschichte von Optimismus und Pessimismus war, sondern auch, dass sich aus der Neubestimmung beider konkrete politische und ökonomische Vorschläge für die Staatswesen der 1940er und 1950er Jahre ableiteten. Metaphysik, Ideologiekritik und Weltanschauung bestimmten entscheidend über die politische und mentale Verfassung der Demokratien mit. Diese Entscheidungen wirken bis heute nach.

Strittig ist dabei vor allem das Verhältnis von Optimismus und Freiheit: Inwiefern darf eine Gesellschaft ihre Welt gezielt, durch Regeln, Gesetze, Steuern, Ausgabenpolitik, zu verbessern suchen und ihre freien Bürger auf diese Ziele verpflichten? Wie viel Freiheit muss sie ihren Mitgliedern umgekehrt in der

optimistischen Annahme lassen, dass diese die Welt und ihre
Wirtschaft auch ohne Gängelung von oben zum Besten einrichten werden? In Krisenzeiten schlägt das Pendel verständlicherweise zugunsten einer Sichtweise aus, die eingreifen und
steuern will. Ihr geht es darum, die aus dem Ruder gelaufene
Welt wieder ins Lot zu bringen. Sichtweisen, welche die Freiheit bloß ex negativo verstehen, als Abwesenheit von Zwang,
sind entsprechend weniger populär. Doch fragt sich, was langfristig trägt – und hier hat Hayeks Kritik von überzogenen
Steuerungsformen durchaus ihre Berechtigung: Wer nach mehr
Regelung ruft, delegiert immer mehr Kompetenzen an die staatliche Zentrale. Dass dies im Sinne der Zivilgesellschaft ist, darf
bezweifelt werden. Die beste aller Welten lässt sich eben nicht
einfach zentral herbeiregulieren, sondern bedarf der Verantwortung und des Engagements aller, speziell derer, denen es gut
geht.

VII. Schluss:
Damit es allen besser geht.
Verantwortungsvoller Optimismus

Geschichte. Rückblick als Ausblick

Der Begriff des Optimismus hat eine erstaunliche Karriere hinter sich: Aus der Polemik gegen Leibniz entstanden, wurde er zu einer richtungsweisenden Vorstellung vom 18. Jahrhundert bis heute. Es ist, als hätten die Jesuiten Leibniz und seinen Anhängern mit ihrer polemischen Zuspitzung einen folgenreichen Gefallen getan – und zugleich einen Bärendienst erwiesen. Bis heute spaltet der Optimismus die Geister: Die einen halten ihn für naiv oder zynisch, die anderen für den einzig gangbaren Weg in eine erträgliche Zukunft. Ein Grund für diese Uneinigkeit ist, dass beide Parteien unterschiedliche Formen des Optimismus meinen.

In seinen unzähligen Facetten speist sich der Optimismus aus jeweils anderen Geltungsgründen: aus einem optimistischen Menschenbild wie in der schottischen Moralphilosophie und bei Rousseau, aus mehr oder minder deutlichen Vorstellungen von einem metaphysischen Ziel der Menschheit wie bei Hegel, aus vorsichtigen Hoffnungen auf eine bessere Zukunft wie bei Darwin, aus der Begeisterung für die Natur und das Kollektiv Amerika wie bei Emerson und Whitman, aus der Faszination für den schöpferischen Prozess (Bergson), aus einer Euphorie für alle Daseinsformen jenseits von Optimismus und Pessimismus (Rilke), aus der Reflexion der Reflexion (Adorno und Horkheimer) sowie aus dem Vertrauen auf die Macht der Vernunft und die Freiheitsliebe des Individuums (Popper, Hayek).

Im Durchgang durch diese Positionen zeigte sich, dass viele negative Bilder des Optimismus nicht stimmen und häufig nur als Vorstellung der pessimistischen und skeptischen Gegner existieren. Der vielgescholtene Optimismus war schon immer besser als sein Ruf: Den Fortschrittsoptimismus etwa gibt es allenfalls in vergleichsweise einseitigen Weltanschauungslehren und bei Hegel. Doch selbst für dessen Denken wirkt der Begriff schief. Marx formuliert eine Erlösungsphantasie, die keinen Fortschritt im Rahmen einer existierenden Welt, sondern nur deren revolutionäre Auflösung erlaubt. Darwin entwickelt zwar moderate Konzepte von Fortschritt; ein unendliches Wachstum, eine endlose Stufenleiter der Evolution zum Allerbesten aber sieht er nicht vor.

Eine Korrektur von als zu radikal und einfach erscheinenden optimistischen Positionen muss nur bei den historischen Texten selbst ansetzen, und schon erscheint alles Radikale vielschichtiger als gedacht. Dabei sind die Geltungsgründe der historischen Gestalten des Optimismus zwar nicht mehr vollständig zeitgemäß, aber sie geben doch einen Deutungshorizont für einen künftigen veranwortungsvollen Optimismus ab, wie ihn dieses Kapitel skizzieren will. Historische Ausprägungen des Optimismus können helfen, die Grenzen und Chancen dieses verantwortungsvollen Optimismus abzustecken, sie können als Warnung und Vorbild dienen.

Seine Grenzen fände ein künftiger Optimismus in diesem Sinne in allzu voraussetzungsreichen metaphysischen Annah-

men wie derjenigen von der Theodizee (Leibniz), in teleologischen Vorstellungen vom eigendynamischen Walten einer
vernünftigen Weltseele (Hegel), in einem einseitig positiven
Menschenbild (Rousseau), in der marxistischen Erlösungslehre.
Diese Denk- und Vorstellungsmuster geben die vernünftige
Balance von Wirklichkeit und Ideal zugunsten des jeweiligen
Ideals auf. Das Ergebnis dieser wenig ausbalancierten Denk-
weisen jedenfalls kann nicht deckungsgleich mit dem sein, was
sich heute vernünftigerweise noch unter Optimismus verstehen
lässt.

Chancen für einen künftigen Optimismus liegen demgegen-
über in all den Denkmustern, die Ausgleich, eine optimistische
Mitte zwischen Wirklichkeit und Ideal versprechen: Bei diesen Denkmustern handelt es sich etwa um Leibniz' Plädoyer
für eine stoische mentale Disziplin, um Humes und Smiths
Vertrauen auf die Verantwortlichkeit des Individuums, um
Wielands optimistische Skepsis, um die zurückgenommenen
Fortschrittshoffnungen Darwins, um die Reflexion der Frankfurter Schule, um die Plädoyers für ethische Korrektive wie die
Vernunft und die Empirie bei Popper und Hayek. Die emotio-
nalen und emphatischen Ausdrucksformen des träumerischen
und daseinsverliebten Optimismus (Emerson, Whitman, Rilke)
können den verantwortungsvollen Optimismus verzaubern,
nicht eingelöste oder uneinlösbare Utopien ausmalen.

Von diesen Ansätzen zu lernen heißt, den Begriff des Optimismus grundlegend neu zu bestimmen. «Optimus mundus»
kann heute nicht mehr bedeuten, dass die Welt immer schon
gottgewollt gut ist. Denn es ist eine individuelle Entscheidung,
an ein höheres Wesen zu glauben. Ein metaphysikfreier Optimismus kann nur – quasi existentialistisch – davon ausgehen, dass diese Welt die einzige ist, die wir haben, dass wir sie

darum zum Besten entwickeln und dafür unser Bestes geben müssen.

Ein solcher Optimismus speist sich aus der Einsicht, dass es uns – historisch betrachtet – gut geht, dass wir nicht lamentieren, sondern uns engagieren sollten. Und dieser Optimismus vertraut auf einen Menschen, der sich für die Besserung der Welt motivieren lässt. Er sollte seine Ressourcen verantwortungsvoll und effizient auch für diejenigen nutzen, denen es schlecht geht. Um zu fragen, was den homo optimisticus motiviert, wie er seine Ressourcen heben und gebrauchen und seine Auffassungen kommunizieren kann, muss sich ein künftiger Optimismus mit normativen philosophischen und empirisch-psychologischen Beschreibungen des Menschen auseinandersetzen.

Motivation: Der homo optimisticus

Unter den aktuellen normativen Menschenbildern der Philosophie ist allen voran Odo Marquards «homo compensator» zu diskutieren. Mit seiner Idee vom homo compensator wollte Marquard den Menschen in Schutz nehmen, und zwar gegen die Geschichtsphilosophie, die ihm, so Marquard, eine übermenschliche Verantwortung für den Gang der Welt aufbürde. Marquard wendet sich gegen einen «geschichtsphilosophisch futurisierte[n] Über-Optimismus»,[1] also einen Optimismus, der seine Ziele in die Zukunft verlegt und mit metaphysischer Gewissheit darauf vertraut, dass er sie auch erreicht. Der kritische Philosoph verkennt dabei aber, dass es der Geschichtsphilosophie doch gerade nicht um den Einfluss des Menschen, sondern um die Vernunft und deren glückbringende

Eigendynamik ging. Gleichwohl ist Marquards Analyse hilf-
reich: Sie zeigt, dass der Optimismus leicht als eine Ideologie
der Härte missverstanden werden kann, als eine Ideologie, die
auf Selbstdisziplin, Einsatz, Selbst- und Fremdvertrauen setzt
und den Menschen damit zu überfordern droht. Marquard
spricht deshalb – mit Arnold Gehlen – vom hinfälligen und
endlichen «Mängelwesen» Mensch. Als homo compensator
suche der Mensch, seine Mangelhaftigkeit auszugleichen –
durch Wiederverzauberungen der Welt mithilfe der Kultur. Er
will die Härten des modernen Lebens durch Schönes, Unter-
haltsames und Nachdenkliches schleifen.[2]

Diese Auffassung dokumentiert den Wohlstand des ausgehenden 20. Jahrhunderts – einer Zeit, die zwar politische
Schwierigkeiten wie den Systemkonflikt kannte, aber globale
Probleme erst erahnte. Der homo compensator ist ein Mensch
mit Stärken und Schwächen, und er darf es sein. Aber er wird
nichts bewegen. Er kompensiert, agiert aber nicht. Vom Prinzipiellen verabschiedet er sich, und er weiß nichts von Idealen. Er
vertraut auf den Zufall, glaubt nicht an die Zukunft, verkennt
das kreative und visionäre Potential von Kultur. Das ist heute
zu wenig. Mit seiner sympathischen, gelassenen, humorvollen
Position begibt sich der homo compensator in eine Defensive,
die wir uns nicht mehr leisten können – und möglicherweise
auch grundsätzlich nicht leisten wollen.

Der homo optimisticus hingegen wird die Geschichtsphilosophie mit gelassener Teleologie-Kritik bedenken, hat er doch
ihre argumentativen Tricks durchschaut. Seine Welt wird er
durch Träume, Lebensfreude, Kunst und Kultur verzaubern,
erweitern, erneuern – und dabei mental Maß halten, um nicht
in den Wahn eines «Über-Optimismus» hineinzugeraten. Der
Wohlstand aber, von dem der homo compensator noch zehren

konnte, steht dem homo optimisticus nicht mehr zu Gebote: Er fragt nicht, wie sich Wohlstand verteilen lässt, sondern woher er kommt, wer ihn erwirtschaftet und wer der sozialen Fürsorge bedarf. Der homo optimisticus handelt – für eine bessere Welt. Mit dem homo compensator teilt er nur zweierlei: eine gesunde Skepsis und den Humor.

Die empirische Psychologie und Soziologie der Gegenwart zeigen, dass ein solches normatives optimistisches Menschenbild von der Wirklichkeit nicht weit entfernt ist. Zwar hat das ‹optimistische› Menschenbild der Psychologie und Soziologie seine skurrilen Seiten, weil es ausschließlich auf die positiven Eigenschaften des Menschen abhebt und ihn als Sonnenkind vorstellt; es fordert den Menschen aber auch, insofern es zeigt, welche positiven Energien er aktivieren kann, wenn er nur will. Positive Psychologie, Glücksforschung und Gemeinwohlforschung – so lauten die Ansätze für eine Neuvermessung des Menschen. Diese Forschungen haben seit etwa zehn Jahren Konjunktur. Dabei bewegen sich ihre Ergebnisse und Vorschläge in einem Spannungsfeld von Pseudowissenschaft und handfester, datenreicher Analyse.

Martin Seligman, der Pionier der positiven Psychologie, bemängelt mit Recht, dass sich die bisherige Psychologie vor allem auf die Behandlung von Schwächen oder Fehlern konzentrierte, und setzt umgekehrt an. Er greift auf die ältere Charakterlehre zurück und fragt nach den positiven Charaktereigenschaften des Menschen – daher auch der Name «positive Psychologie». Seligmans Ziel ist es, auf diesen positiven Eigenschaften aufzubauen, um allen Menschen ein besseres, gesünderes Leben zu ermöglichen. Zu den positiven Eigenschaften, die zugleich die Basis und das Ziel der optimistischen Psychologie bilden, zählen für Seligman: Akzeptanz, Aufrichtigkeit,

Ausgeglichenheit, Beharrlichkeit, Bescheidenheit, Bindungsfähigkeit, Dankbarkeit, Echtheit, Empathie, Enthusiasmus, Fairness, Freude, Friedfertigkeit, Geduld, Gelassenheit, Humor, Integrität, Kreativität, Lust, Mut, Nächstenliebe, Neugier, Glück, Geborgenheit, Selbsterkenntnis, Solidarität, soziale Intelligenz, Treue, Unbestechlichkeit, Vertrauen, Verzeihen, Zivilcourage, Zufriedenheit.[3]

Diese Eigenschaften allerdings liegen nicht auf einer Ebene, sondern betreffen so unterschiedliche Felder wie zwischenmenschliches Handeln einerseits, Politik andererseits; sie bilden eine Art bunte Reihe, und etwa 50 Prozent von ihnen sollen sogar genetisch vorherbestimmt sein. Seligmans positive Psychologie erschien manchem Kritiker deshalb als gar zu voraussetzungsreich und rosarot. Die Kritik richtete sich – berechtigterweise – vor allem gegen den «Über-Optimismus»: gegen übertriebene Sorglosigkeit und die Unterschätzung von Gefahren. In der Folge entwickelte die positive Psychologie ihr Beschreibungsarsenal weiter und spricht nur mehr ergänzend vom «konstruktiven Pessimismus» (Ursula Staudinger), der den «Über-Optimismus» zugunsten eines individuell und sozial verträglichen Optimismus ausgleichen muss. Diese Einschränkung ist vernünftig und bestätigt das Ziel des psychologischen Optimismus. Es geht sozusagen um optimistische Sekundärtugenden: um Augenmaß und Mäßigung der eigenen Vorstellungen, um eine Form der Selbstdisziplin, wie sie Leibniz bereits andeutete, wenn er seine Leser aufforderte, die Welt zu nehmen, wie sie ist – und sich im Rahmen der eigenen Möglichkeiten zu bessern.

Doch kennt die positive Psychologie zu diesem Zweck neue Verfahren. Diese setzen ‹tiefer› an als die stoische Moralpredigt des Philosophen und erweisen sich möglicherweise auch als wirkungsvoller: Beispielsweise erörtern zahlreiche empirische Studien die Dynamik und Effizienz von *self-fulfilling prophecies*. Wer sich selbst gering schätzt, wird möglicherweise einer wichtigen Aufgabe nicht gewachsen sein oder sie nur wenig befriedigend abschließen. Wer sich jedoch überschätzt, läuft in andere Gefahren hinein. Es kommt auf eine ausgewogene, optimistische Selbstwahrnehmung in wechselnden Situationen an. Diese Selbstwahrnehmung lässt sich üben, etwa durch das Training des Langzeitgedächtnisses. Denn das Kurzzeitgedächtnis neigt – als pessimistische Warninstanz – dazu, sich vor allem an negative Erfahrungen zu erinnern; das Langzeitgedächtnis hingegen harmonisiert die kurzfristigen negativen Einschätzungen mit langfristigen positiven Wahrnehmungen und Wahrnehmungsschemata. Es stellt einen gesunden, an der Erfahrung korrigierten Optimismus her.

Eine weitere voraussetzungsvolle Technik für die Balance des optimistischen Selbst ist diejenige des *flow*. Der Psychologe Mihaly Csikszentmihalyi hatte den Begriff ursprünglich für den Extremsport entwickelt, aber er erfreut sich mittlerweile breiter Verwendung für alle Arten optimaler Tätigkeitsmotivation.[4] Dem Gefühl nach bezeichnet *flow* eine Art Tätigkeitsrausch, der etwa beim Snowboarden, Kanufahren, Malen, Rechnen oder Schreiben eintreten kann, vorausgesetzt, die zu bewältigende Anforderung überfordert die eigenen Fähigkeiten nicht. *Flow* lässt sich messen: Er entspricht der sogenannten kardialen Kohärenz, der Synchronisation von Atmung, Blutdruck und Herzschlag. In diesem Zustand sind Emotionen und Bewusstsein respektive Verstand, limbisches und kortikales System in Einklang versetzt. Wer sich im *flow* befindet, ist maximal stresstolerant, durch den Ausstoß von Adrenalin und Serotonin zu Höchstleistungen fähig – und er erinnert sich positiv an diesen Zustand, sucht ihn immer wieder. Im Ergebnis steht eine Art positive psychische Abhängigkeit, die ohne Drogen auskommt und deren Befriedigung immer aufs Neue erarbeitet werden muss. Das besondere an dieser spezifischen Art der positiven Motivation ist, dass sie Ressourcen beschleunigt entdeckt und entwickelt. Es handelt sich eben um eine Tätigkeits-, nicht um eine Zielmotivation, wie sie etwa von einem höheren Einkommen herrühren könnte. Als Tätigkeitsmotivation entsteht der *flow* nur aus der Tätigkeit selbst.

Solche Tätigkeiten können sogar überindividuell bedeutsam sein. Das kalifornische Greater Good Science Center etwa geht davon aus, dass gemeinwohlorientiertes Handeln das individuelle wie das kollektive Glück fördert.[5] Annahmen wie diese klingen zwar wolkig, sind aber empirisch nicht abwegig. Der Politologe James H. Fowler und der Medizinsoziologe Nicholas A. Christakis konnten im Rahmen einer großangelegten empirischen Studie mit 5000 Probanden zeigen, dass es eine Art kollektive Kettenreaktion des Glücks gibt: Jeder glückliche Freund steigert das eigene Wohlbefinden um 9 Prozent, meinen sie, und plädieren deshalb energisch für eine Vergrößerung und Erweiterung der eigenen sozialen Netzwerke um glückliche Menschen.[6]

Der wahre homo optimisticus wird sich, um wieder normativ zu werden, solchen Modellen der Glücksmaximierung gegenüber notorisch skeptisch verhalten. Denn er weiß um die Grenzen der eigenen Macht, um den Zufall, der die Welt und vor allem die eigenen Gefühle bestimmt.[7] Glück lässt sich eben nicht herbeiregulieren. Es erfasst den Menschen vielmehr situativ.[8] Der Optimist ist aber gerade deshalb Optimist, weil er um diese Grenzen weiß. Sein Optimismus ist nicht bedeutungsgleich mit der Suche nach dem individuellen Glück. Vielmehr handelt es sich um eine Anschauung, die den Menschen überzeugen will, sich für die eine beste Welt und mögliche Glücksmomente einzusetzen. Zu diesem Zweck aber kann und sollte der homo optimisticus von den Studien der positiven Psychologie profitieren, sofern ihre Methoden nachvollziehbar sind und ihr Erfolg nachweisbar ist. Einsicht in die Wirkungsmächtigkeit von *self-fulfilling prophecies*, Techniken des Gedächtnistrainings und des *flow* etwa helfen, die eigene Umwelt besser wahrzunehmen, sich selbst darin angemessen zu positionieren und das Ergebnis möglicherweise sogar zu genießen – um für sich selbst und andere ein optimistischer Mensch zu werden.

Vom Umgang mit Ressourcen: Methodische Skepsis, konstruktiver Pessimismus

Schließlich erahnt der homo optimisticus die unerfreulichen Konsequenzen negativer Einstellungen. Er ist sich seiner potentiellen Mitschuld an den Problemen der Gegenwart bewusst, übernimmt Verantwortung für das selbstverursachte Übel und versucht, mentale, soziale und ökologische Ressourcen zugleich zu heben und zu schonen. Der homo optimisticus handelt idealistisch, nachhaltig, für die Zukunft. Dabei sind ihm allzu große weltanschauliche Ansprüche ebenso suspekt wie das bornierte Festhalten am einmal Etablierten. Er hat Ideen, keine Ideologien. Er leistet sich einen weltanschaulichen Liberalismus, vertraut darauf, dass andere es ähnlich sehen und auch so handeln werden. Das Gute will er nur soweit durch Gesetze herbeiregulieren, wie es unbedingt nötig ist. Optimisten setzen auf Verantwortung des Individuums – für sich selbst ebenso wie für andere. Denn wie Popper und Hayek polemisch zeigten, haben die großen Projekte der Sozialingenieure, der Sozialisten und Utopisten zu viel zerstört, als dass der homo optimisticus ihnen noch anhängen könnte.

So bedeutet dem homo optimisticus etwa Ernst Blochs *Prinzip Hoffnung* (1954–1959) Herausforderung und Problem zugleich. Als Herausforderung begreift der homo optimisticus Blochs Hinweis auf die «konkrete Utopie», auf Tagträume und den kreativen Überschuss menschlichen Handelns, der im Alltagshandeln häufig nicht oder zu wenig zum Zug kommt. Doch irritiert ihn der ideologische Marxismus ebenso wie der Umstand, dass Bloch die politischen «Säuberungen» des Stalinismus befürwortete. Dolf Sternberger hat es einmal klug auf den Punkt gebracht: Bloch schoss mit seinem Optimismus über das Ziel hinaus. Er stimmte einen wortgewaltigen «Posaunenton» an, eine vulkanische Rhetorik, die angesichts des Menschen und der Wirklichkeit erkaltete.[9] Auf diese Weise bezeugte Bloch selbst, dass sich Respekt, Menschenliebe und Hoffnung in der Form der radikalen, ungebremsten Utopie nicht die Waage halten.

Was jedoch im Falle Blochs zu viel war – davon hat unser postideologisches Zeitalter zu wenig. Der homo compensator verzichtete bei seinem Kuschelkurs gern auf die Kontroverse. Der homo optimisticus hingegen wird sich streiten müssen, wenn er entscheiden will, wie wir künftig weiterleben können. Und um kompetent entscheiden zu können, muss er sich mit seinen Gegnern verständigen.

Galten Skeptiker und Pessimisten wegen ihrer Polemik gegen den Optimismus bislang als dessen Kardinalfeinde, so erhalten ihre Methoden für den homo optimisticus gleichwohl einen hohen Stellenwert. Denn der homo optimisticus ist an sich unparteiisch. Er nimmt auf, was ihm bei seinen Vorhaben helfen kann. Dazu gehört die Polemik gegen andere -ismen, sofern sie Begriffe und Wahrnehmungen schärft. Noch mehr aber zählt dazu das Misstrauen gegenüber der eigenen positiv gefärbten Wahrnehmung. Sie muss immer wieder korrigiert werden. Um verantwortungsvoll mit eigenen und fremden Ressourcen umzugehen, helfen methodische Skepsis oder «konstruktiver Pessimismus» weiter. Sie beugen allzu viel Selbstgewissheit vor, weisen auf, was nicht funktioniert, motivieren den Optimisten überhaupt erst, optimistisch aktiv zu werden, um ein Übel in der Welt zu analysieren und vielleicht auch zu bekämpfen.[10]

Für den Gebrauch durch Optimisten lassen sich methodische Skepsis und konstruktiver Pessimismus in doppelter Hinsicht erweitern: Optimistisch darf nur vorangetrieben werden, was deutlich und klar beschreibbar ist, Ressourcen hebt und schont. Darüber hinaus sollte es – relativ zu seinem Ziel – keine oder nur minimale negative Folgen aufweisen, die aber jedenfalls von den guten Effekten überwogen werden. Der Optimist muss seinen eigenen Ideen systematisch misstrauen und Ideenfolgenabschätzung betreiben, bevor er seine Vorstellungen in die Tat umsetzt. Solche Folgenkalküle können helfen, um die Ecke zu denken, keine schlichten Fortschrittsgeschichten zu erzählen, sondern zu ergründen, was in welchen Situationen und Zusammenhängen denk- und vorstellungsmöglich und zugleich politisch, ökonomisch und wissenschaftlich sinnvoll ist. Denn ernsthafte Optimisten hegen Sympathien für Yhprums Gesetz («Alles, was funktionieren kann, wird auch funktionieren»), wissen aber auch, dass es Tage gibt, die von dem Gesetz des ungleich bekannteren Murphy regiert werden («Alles, was schiefgehen kann, wird auch schiefgehen»).[11]

Kommunikation: Für eine andere Redekunst

Die Sympathie für Yhprum und die Realität Murphys, das Schwanken zwischen optimistischer Einsicht und Zweifel äußern sich täglich als Motivations- und Kommunikationsprobleme. Denn wie überzeugt man sich selbst und seine Artgenossen von etwas, das meistens abwesend zu sein scheint und anstrengt? In dem Land, das Leibniz, Wieland, Hegel, Marx, Adorno und Horkheimer hervorbrachte, könnte Optimismus auch schlicht peinlich sein und naiv wirken. Kein Wunder also, dass Probleme mit optimistischer Motivation und Kommunikation speziell in Deutschland auftreten. Wer erinnert sich etwa an einen optimistischen Ausspruch eines deutschen Politikers? Bezeichnenderweise stammt der wirkungsmächtige Appell «Mr. Gorbatschow, bring down this wall» von einem ehemaligen Hollywood-Schauspieler namens Ronald Reagan. Auch beherrscht wohl kein amtierender deutscher Politiker den so mitreißenden wie reflektierten Redestil Obamas.

Vielleicht fehlt es hierzulande einfach an der Ausdrucksbreite, die für einen gelingenden Optimismus vonnöten ist, am Ton, der die Menschen erreicht und der je nach Lebenslage wechseln muss. Denn den einen spezifisch optimistischen Stil gibt es nicht. Die Mischung, der anlass-, ziel- und adressatenbezogene Einsatz ist wichtig. Hoher pathetischer Stil etwa ist in der Politik vonnöten, und optimistisches Pathos will geübt sein: Die Gattungen Lob, Hymnus und Preis, die noch dem 19. Jahrhundert geläufig waren, sind in die Abstellkammer verbannt worden und bedürfen der Wiederbelebung in einer Form, die mehr als nur antiquiert und ästhetisch überzeichnet wirkt. Lyriker wie Thomas Kling, Durs Grünbein und Ulf Stolterfoht näherten und nähern sich dem vielleicht nach und nach wieder an. Aber in die Öffentlichkeit dringt von diesen Versuchen leider wenig. Der beruhigende Kammerton des prominenten «Alles wird gut» jedenfalls sollte nicht mit dem hohen Stil verwechselt werden.

Mit optimistisch motivierter Kritik tut man sich leichter: Negative Utopien wie Aldous Huxleys *Schöne neue Welt* (1932) oder Dietmar Daths *Abschaffung der Arten* (2008) lesen sich zwar wie futuristische Schauermärchen, aber ihr Impuls ist optimistisch. Sie erzählen künftige Horrorszenarien, etwa von einer streng hierarchischen Kastengesellschaft oder vom Wolf, der letzten Kreatur nach den Menschen, um genau diese Szenarien zu verhindern. Vergleichbares gilt für investigative Negativberichte wie Günter Wallraffs berühmtes *Ganz unten* (1985). Berichte wie diese klagen an, um zu bessern – und erlangen häufig öffentliche Aufmerksamkeit. Websites wie utopia.de, die Handreichungen des Club of Rome und Bücher wie *Welt retten für Einsteiger* reagieren mit nützlichen Hinweisen und konkreten Handlungsvorschlägen auf den Besserungsbedarf.[12]

Die meisten dieser Publikationen und Projekte aber kann selbst der hartgesottene homo optimisticus nur dauerhaft mittragen, wenn er stilistische Tugenden entwickelt und praktiziert, die ihm aus Wielands *Agathon* bekannt sind: Ironie und Humor. Nur ironisch will sich der homo optimisticus zu seinem naiven Weltvertrauen bekennen: Er reduziert Leibniz' Glauben an den allweisen, allguten und allmächtigen Gott auf ein säkulares Bekenntnis zu der einen verbesserungsbedürftigen und verbesserungswürdigen Welt. Auf diese Weise bewahrt er sich vor über-optimistischen Projekten – und vor der Lächerlichkeit der eigenen Anschauung, des eigenen Vorhabens. Dem Optimisten ist es mit der Besserung der Welt zwar ernst, aber er leistet – anders als Hegel wollte – nicht auf seinen allzumenschlichen Humor Verzicht.

Möglicherweise erlaubt es der Humor dem homo optimisticus sogar, die Zweifler und Pessimisten einzubinden. Denn Optimismus ist ein inklusives Unternehmen: ein Anliegen aller Generationen und Kulturen. Zum einen bringt Optimismus pädagogische Verantwortung mit sich: dafür, der nachfolgenden Generation Deutungen und Problemlösungsstrategien zu übermitteln, die sie verwerfen soll, wenn sich andere als besser herausstellen, und dafür, der älteren Generation mitzuteilen, dass früher nicht alles besser war und dass man sich ruhig auf gewisse Neuerungen der Gegenwart einstellen darf.

Zum anderen sind Optimisten notorische Kosmopoliten: in mehreren Welten zu Hause, aber ihrer Herkunft bewusst. Sie ähneln dem Weltbürger, wie ihn Kwame Anthony Appiah beschreibt:[13] Als Weltbürger respektieren Optimisten ihre jeweilige Andersartigkeit. Sie setzen auf Dialog, überlegen gemeinsam, was das Menschsein in den unterschiedlichen Kulturen der Welt und kulturübergreifend ausmacht. Der Optimismus gehört zu diesen kulturübergreifenden Merkmalen des Menschseins, aber gerade er prägt sich regional, national, global ganz unterschiedlich aus, sucht unterschiedliche Ausdrucksformen, Gesten, Signale – im Denken wie im Handeln.

Deshalb gehört es zu den wichtigsten Aufgaben des kosmopolitischen homo optimisticus, seine Umwelt sensibel wahrzunehmen, bevor er sich ihr mit optimistischer Energie nähert und sie zu bessern sucht. Und für den Fall, dass es mit der Besserung dieser Welt nicht gleich gelingt, hält Samuel Beckett ein so tröstliches wie optimistisches Motto bereit: «Immer versucht. Immer gescheitert. Einerlei. Wieder versuchen. Wieder scheitern. Besser scheitern.»[14]

Nachwort

Eigentlich ist dieses Buch uralt. Der Impuls, es zu schreiben, geht auf meine hessische Schulzeit zurück. «Es gibt kein richtiges Leben im falschen», hieß das Motto des Unterrichts mit Theodor W. Adorno. Diese Lehre verstärkte sich durch die erste Vorlesung, die ich gegen Ende der Schulzeit hörte, im Sommer 1992, während der documenta 8. Der Redner hieß Jacques Derrida. Er überbot Adorno und bestritt, verknappt gesagt, dass wir überhaupt wissen, was mit richtig und falsch gemeint ist. Diese Aussagen und Erlebnisse haben mich so nachdrücklich geprägt, dass ich im Rahmen meiner Stuttgarter Antrittsvorlesung (29. Oktober 2008) den umgekehrten Weg einschlagen wollte: denjenigen des Optimismus, des Versuches, über ein richtiges, möglicherweise sogar bestes Leben nachzudenken und darüber zu schreiben.

Meine Überlegungen konnte ich dankenswerterweise im Rahmen von Vorträgen am Einstein Forum (Potsdam), am Institute for Germanic and Romance Studies (University of London, School of Advanced Study), vor dem Heidelberger Club für Wirtschaft und Kultur, in Interviews mit dem Westdeutschen Rundfunk (26. November 2008) und dem Lufthansa Exclusive Magazin (Mai 2009) sowie einem Beitrag für die WELT AM SONNTAG (28. Dezember 2008) auf die Probe stellen und weiterentwickeln.

Besonders danken möchte ich all denen, die meine optimistischen Versuche mit Begeisterung und Kritik begleitet haben: Philip Ajouri, Matthew Bell, Barbara Beßlich, Lutz Danneberg, Jonas Grethlein, Kristof Gundelfinger, Manuel J. Hartung, Marcel Lepper, Hans-Harald Müller, Susan Neiman, Gerhard Richter, Jörg Schönert, Helmut Schwarz, Carlos Spoerhase, J. Anselm Steiger und Horst Thomé. Ben Voss danke ich herzlich für die schnelle Beschaffung von Büchern, Aufsätzen und für Kritik, Ernst Piper und Stefanie Hölscher für die engagierte Betreuung des Textes. Ohne meinen Mann wäre dieses Buch nicht entstanden. Gewidmet ist es meinen Eltern, die mich unverdrossen optimistisch unterstützten.

Stuttgart, März 2009

Anmerkungen

I. Einleitung:
Es geht uns gut. Optimismus aus Verantwortung

1 Vgl. Florian Langenscheidt: Wörterbuch des Optimisten. München 2008.

2 Margaret A. Boden: Optimism, in: Philosophy 41 / 158 (1966), S. 291–303, hier S. 291: «Optimism is not regarded as intellectually respectable.»

3 Dirk von Petersdorff: Kleine Philosophie des Schönredens, in: ders.: Die Teufel in Arezzo. Gedichte. Frankfurt a. M. 2004, S. 50 f., hier S. 50.

4 Niall Edworthy, Petra Cramsie: The Optimist's Handbook / The Pessimist's Handbook. London 2008.

5 Laurence Shorter: The Optimist. One Man's Search for the Brighter Side of Life. Edinburgh 2009, S. 325.

6 Rudolf Bultmann: Optimismus und Pessimismus in Antike und Christentum, in: Universitas 16 / 2 (1961), S. 811–835.

7 Andreas Urs Sommer: Die Kunst der Seelenruhe. Anleitung zum stoischen Denken. München 2009.

8 Jacob Burckhardt: Griechische Culturgeschichte. Hg. von Leonhardt Burckhardt u. a. (Jacob Burckhardt: Werke. Bde. 19–21.) Basel / München 2002–2005.

9 Hans Blumenberg: Optimismus und Pessimismus. II., in: Die Religion in Geschichte und Gegenwart. Handwörterbuch für Theologie und Religionswissenschaft. 3., völlig neu bearbeitete Aufl. Bd. IV. Tübingen 1960, Sp. 1661–1664, hier Sp. 1661.

10 Michael Pauen: Pessimismus. Geschichtsphilosophie, Metaphysik und Moderne von Nietzsche bis Spengler. Berlin 1997, S. 211.

11 Georg Jellinek: Die Weltanschauungen Leibnitz' und Schopenhauer's. Ihre Gründe und ihre Berechtigungen. Eine Studie über Optimismus und Pessimismus. Wien 1872, S. 14.

12 Horst Thomé: Weltanschauung, in: Historisches Wörterbuch der Philosophie. Bd. XII. Basel 2004, Sp. 453–460.

13 Georg Bollenbeck: Eine Geschichte der Kulturkritik. Von J. J. Rousseau bis G. Anders. München 2007, S. 199–269.

14 Matthias Horx: Anleitung zum Zukunfts-Optimismus. Warum die Welt nicht schlechter wird. Frankfurt a. M. 2007.

15 Rolf W. Puster: Das sogenannte Theodizee-Problem, in: Logos 6/3 (1999), S. 231–248, hier S. 242–245.

16 Mark Siemons: Fürchtet euch nicht, wir sind bei euch, in: Frankfurter Allgemeine Zeitung 57 (2009), S. 25.

II. Die beste aller Welten:
Universalistischer Optimismus

1 Gottfried Wilhelm Leibniz: Versuche in der Theodicée über die Güte Gottes, die Freiheit des Menschen und den Ursprung des Übels. Übers. von Arthur Buchenau. Hamburg 1996 (1. Aufl. 1925), S. 100.

2 Leibniz verweist auf die Schrift *De misera conditionis humanae* (1194–1195) von Papst Innozenz III. (d.i. Lotario dei Conti di Segni) und die Satire von Jacques Esprit: La Fausseté Des Vertus Humaines: Quis enim virtutem amplectitur ipsam? Paris 1693.

3 David Hume: Dialoge über natürliche Religion. Hg. von Günter Gawlick. 7. Aufl. Hamburg 2007.

4 Wilhelm Schmidt-Biggemann: Theodizee und Tatsachen. Das philosophische Profil der deutschen Aufklärung. Frankfurt a. M. 1988, S. 16–26.

5 Christia Mercer: Leibniz's Metaphysics. Its Origins and Development. Cambridge 2001.

6 Thomas Leinkauf: ‹Diversitas identitate compensata›. Ein Grundtheorem in Leibniz' Denken und seine Voraussetzungen in der frühen Neuzeit, in: Studia Leibnitiana 28/1 (1996), S. 58–83 und 29/1 (1997), S. 81–102.

7 Pierre Bayle: Dictionnaire historique et critique. Rotterdam 1697. Bd. 2/1: H-O, S. 955–967, hier S. 955 f.

8 Susan Neiman: Das Böse denken. Eine andere Geschichte der Philosophie. Übers. v. Christiana Goldmann. Frankfurt a. M. 2004, S. 185–201.

9 Leibniz: Theodizee (Anm. 1), S. 63.

10 Walter Sparn: Leiden – Erfahrung und Denken. Materialien zum Theodizeeproblem. München 1980, S. 19–41, 216–246.

11 Michael Richter: Das narrative Urteil. Erzählerische Problemverhandlungen von Hiob bis Kant. Berlin, New York 2008, S. 381–460.

12 Leibniz: Theodizee (Anm. 1), S. 200.

13 Luca Fonnesu: Der Optimismus und seine Kritiker im Zeitalter der Aufklärung, in: Studia Leibnitiana 26 / 1 (1994), S. 131–162, hier S. 137 f.

14 Alexander Pope: An Essay on Man. Hg. v. Maynard Mack. London: Methuen & Co. 1958, Epistle IV, V. 394, S. 166.

15 Augustinus: Confessiones / Bekenntnisse. Übers. v. Joseph Bernhart. Hg. v. Jörg Ulrich. Frankfurt a. M. 2007, S. 152: «Also ist alles, was da seiend ist, gut.»

16 Verf.: Reformierte Morallehren und deutsche Literatur von Jean Barbeyrac bis Christoph Martin Wieland. Tübingen 2002, S. 131–140.

17 Mémoires de Trévoux 37 (1737), S. 6–36, 198–241, 444–471, 954–991, hier S. 208–209.

18 Voltaire: Candide oder Der Optimismus. Aus dem Dt. übers. v. Herrn Doktor Ralph samt den Bemerkungen, die man in der Tasche des Doktors fand, als er zu Minden im Jahre des Heils 1759 starb. Übers. v. Stephan Hermlin. Leipzig 2001, S. 8.

19 Voltaire: Candide (Anm. 18), S. 8.

20 Voltaire: Candide (Anm. 18), S. 158.

21 Harald Weinrich: Literaturgeschichte eines Weltereignisses: Das Erdbeben von Lissabon, in: ders.: Literatur für Leser. Essays und Aufsätze zur Literaturwissenschaft. Stuttgart 1971, S. 64–76.

22 Vgl. Richard A. Brook: Voltaire und Leibniz. Genf 1964, S. 98, passim.

23 Monika Gisler: Optimism and Theodicy. Perceptions of the Lisbon Earthquake in Protestant Switzerland, in: The Lisbon Earthquake of 1755. Representations and Reactions. Hg. v. Theodore E. Braun, John B. Radner, Michel Delon. Oxford 2005, S. 247–264.

24 Versuch einiger Betrachtungen über den Optimismus von M. Immanuel Kant, wodurch er zugleich seine Vorlesungen auf das bevorstehende halbe Jahr ankündigt, Den 7. October 1759, in: ders., Vorkritische Schriften bis 1768. Werkausgabe. Bd. II. Hg. v. Wilhelm Weischedel. Frankfurt a. M. 1977, S. 585–594, hier S. 594.

25 Ulrich Löffler: Lissabons Fall – Europas Schrecken. Die Deutung des Erdbebens von Lissabon im deutschsprachigen Protestantismus des 18. Jahrhunderts. Berlin, New York 1999; Gerhard Lauer, Thorsten Unger (Hg.): Das Erdbeben von Lissabon und der Katastrophendiskurs im 18. Jahrhundert. Göttingen 2008.

III. Der beste Mensch:
Anthropologischer Optimismus

1 Friedrich Hoffmann: De officio boni theologi ex idea boni medici, ipso
   natale serenissimi regii principis, in actu promotionis habita oratio.
   Halle 1702; Verf.: Säkularisierung in den Wissenschaften seit der Frühen Neuzeit. Bd. 1: Medizin, Medizinethik und schöne Literatur. Berlin, New York 2002, S. 51–60.
2 Siehe die überzogene Darstellung von Arthur Herman: The Scottish
   Enlightenment. The Scotts' Invention of the Modern World. London
   2001, S. 60–103; korrekter Knud Haakonssen: Natural Law and Moral
   Philosophy. From Grotius to the Scottish Enlightenment. Cambridge
   1996; die Beiträge von M. A. Stewart, Alexander Broadie, Luigi Turco
   und Knud Haakonssen in Alexander Broadie (Hg.): The Cambridge
   Companion to the Scottish Enlightenment. Cambridge 2003; Thomas
   Ahnert: The Soul, Moral Philosophy and Natural Religion in the Scottish Enlightenment, in: Eighteenth-Century Thought (2004), S. 233–
   253.
3 Anthony Ashley Cooper, Third Earl of Shaftesbury: Die Moralis-
   ten. Eine philosophische Rhapsodie. Übers. v. Karl Wolff. Jena 1919,
   III, 1.
4 Bernard Mandeville: Die Bienenfabel. Mit einer Einleitung v. Walter
   Euchner. Frankfurt a. M. 1980, S. 92.
5 David Hume: Ein Traktat über die menschliche Natur, in zwei Bänden.
   Bd. 2: Über die Affekte. Über Moral. Übers. v. Theodor Lipps, mit
   neuer Einführung hg. v. Reinhard Brandt. Hamburg 1978, S. 3–5.
6 Hume: Traktat. Bd. 2 (Anm. 5), S. 346–356.
7 Hume: Traktat. Bd. 2 (Anm. 5), S. 356–360, hier S. 360.
8 Siehe die Beiträge von Alexander Broadie, Emma Rothschild und
   Amartya Sen in Knud Haakonssen (Hg.): The Cambridge Companion
   to Adam Smith. Cambridge 2006.
9 Adam Smith: Theorie der ethischen Gefühle. Nach der Aufl. letzter
   Hand übers. u. hg. v. Walther Eckstein. Hamburg 1994, S. 202.
10 Smith: Theorie (Anm. 10), S. 316 f.
11 Adam Smith: Der Wohlstand der Nationen. Eine Untersuchung seiner
   Natur und seiner Ursachen. Aus dem Englischen übertragen u. m. e.
   umfassenden Würdigung des Gesamtwerkes hg. v. Horst Claus Reck-
   tenwald. Frankfurt a. M. 1978, IV, II, S. 371.

12 Zitiert nach: Rousseau's Letter to Voltaire on Optimism (18 August 1756), in: Studies on Voltaire and the Eighteenth Century 29 (1964), S. 272–308, hier S. 286: «[...] que tout est perdu quand ils ont mal aux dents, ou qu'ils sont pauvres».

13 Rousseau's Letter (Anm. 12), S. 285: «*Le tout est bien*, ou *tout est bien pour le tout.*»

14 Jean-Jacques Rousseau: Emil oder Über die Erziehung. Vollständige Ausgabe in neuer deutscher Fassung v. Ludwig Schmidts. 12. Aufl. Paderborn u. a. 1995, S. 9.

15 Rousseau: Emil (Anm. 14), S. 16.

16 Patrick Riley: The General Will before Rousseau, in: Political Theory 6/4 (1978), S. 485–516.

17 Wieland an Martin Künzli, 6. April 1757, in: Ludwig Hirzel: Wieland und Martin und Regula Künzli. Ungedruckte Briefe und wiederaufgefundene Actenstücke. Leipzig 1891, S. 156 f.

18 Christoph Martin Wieland: Beurtheilung der Schrift die im Jahre 1755 den Preis von der Academie zu Berlin erhalten hat [...], in: Hirzel: Wieland und Martin und Regula Künzli (Anm. 17), S. 202–216, hier S. 215 f.

19 Walter Erhart: Entzweiung und Selbstaufklärung. Christoph Martin Wielands «Agathon»-Projekt. Tübingen 1991, S. 2 f.

20 Christoph Martin Wieland: Geschichte des Agathon. Hg. v. Klaus Manger. Frankfurt a. M. 1986, S. 206.

21 Wieland: Agathon (Anm. 20), S. 510.

22 Wieland: Agathon (Anm. 20), S. 103.

23 Wieland: Agathon (Anm. 20), S. 320.

24 Ulrike Zeuch: Abenteuer als Weg zum ‹nosce te ipsum›? Umschlagserfahrung und Selbsterkenntnis bei Grimmelshausen und Wieland, in: Das achtzehnte Jahrhundert 24/2 (2000), S. 176–190, hier S. 188 f.

25 Wieland: Agathon (Anm. 20), S. 504.

IV. Das gute Werk, das beste Ziel:
Teleologischer Optimismus

1 Bollenbeck: Geschichte der Kulturkritik (Anm. I. 13), S. 111–154.

2 Siehe auch Verf.: Teleologie, in: Wissen to go. Ein studium generale in 100 Begriffen. Hg. v. Manuel J. Hartung, Thomas Kerstan. München 2008, S. 184 f.

3 Immanuel Kant: Kritik der Urteilskraft. Werkausgabe. Hg. v. Wilhelm Weischedel. Frankfurt a. M. 1977. Bd. X, S. 335–349; vgl. auch Keith Thomas: The Ends of Life. Roads to Fulfilment in Early Modern England. Oxford 2009.

4 Margaret J. Osler: Certainty, Scepticism, and Scientific Optimism. The Roots of Eighteenth-Century Attitudes Toward Scientific Knowledge, in: Probability, Time, and Space in Eighteenth-Century Literature. Hg. v. Paula R. Backschneider. New York 1979, S. 3–28.

5 Georg Wilhelm Friedrich Hegel: Vorlesungen über die Philosophie der Geschichte. Stuttgart 1961, S. 78.

6 Hegel an Niethammer, 13. 10. 1806, in: Johannes Hoffmeister (Hg.): Briefe von und an Hegel. Bd. 1: 1785–1812. Hamburg 1952, S. 119–121, hier S. 120.

7 Dieter Henrich: Karl Marx als Schüler Hegels [1961], in: ders.: Hegel im Kontext. 4., veränd. Aufl. Frankfurt a. M. 1988, S. 187–207, hier S. 192 f.

8 Karl Marx: Zur Kritik der politischen Ökonomie. Berlin 1859, S. LVf.

9 Karl Marx, Friedrich Engels: Manifest der Kommunistischen Partei / Grundsätze des Kommunismus. Stuttgart 1970, S. 23.

10 Marx, Engels: Manifest (Anm. 9), S. 60.

11 Theodor Mundt: Geschichte der Literatur der Gegenwart. Vorlesungen. Berlin 1842 (Friedrich Schlegels Geschichte der alten und neuen Literatur bis auf die neueste Zeit fortgeführt von T. M., 2. Theil), S. 4.

12 Walter N. Vickery: The Cult of Optimism. Political and Ideological Problems of Recent Soviet Literature. Bloomington: Indiana UP 1963, S. 164 f.

13 Margaret Fay: Did Marx Offer to Dedicate «Capital» to Darwin? In: Journal of the History of Ideas 39 / 1 (1978), S. 133–146; Lewis S. Feuer: The Case of the Marx-Darwin Letter, in: Encounter 1978, S. 62–78.

14 Thomas Robert Malthus: Eine Abhandlung über das Bevölkerungsgesetz oder eine Untersuchung seiner Bedeutung für die menschliche Wohlfahrt in Vergangenheit und Zukunft, nebst einer Prüfung unserer Aussichten auf eine künftige Beseitigung oder Linderung der Übel, die es verursacht. Übertr. v. Valentine Dorn. Bd. I. 2. Aufl. Jena 1924, S. 13.

15 Malthus: Abhandlung (Anm. 14), Bd. II. 2. Aufl. Jena 1925, S. 386 f.

16 Adrian Desmond, James A. Moore: Darwin's Sacred Cause. Race, Slavery and the Quest for Human Origins. London 2009.

17 Charles Darwin: Die Abstammung des Menschen. Übers. v. Heinrich Schmidt. Leipzig 1952, S. 181.

18 Darwin: Abstammung des Menschen (Anm. 17), S. 188.

19 Richard Hofstadter: Social Darwinism in American Thought, 1860–1915. Philadelphia 1944.

20 Herbert Spencer: Die Principen der Ethik. Autorisierte dt. Ausg. v. B. Vetter. I. Bd., 1. Abtlg. 2. Aufl. Stuttgart 1901, S. 318.

21 Francis Galton: Eugenics: Its Definition, Scope, and Aims, in: The American Journal of Sociology 10/1 (1904).

22 Herbert George Wells: Tono-Bungay. London 2005, S. 262: «We're still a bit soft in our bones, but they'll harden all right... [...] Well, we got to run the country, George. It's ours. Make it Scientific – Organized – Business – Enterprise. Put idees [sic] into it. 'Lectrify it. Run the Press. Run all sorts of developments. All sorts of developments.»

23 Daniel J. Kevles: In the Name of Eugenics: Genetics and the Uses of Human Heredity. Cambridge, Mass. 1995 (1. Aufl. 1985). Peter Weingart, Jürgen Kroll, Kurt Bayertz: Rasse, Blut und Gene. Geschichte der Eugenik und Rassenhygiene in Deutschland. Frankfurt a. M. 1992.

24 Mario A. Di Gregorio: From Here to Eternity. Ernst Haeckel and Scientific Faith. Göttingen 2005; Olaf Breidbach: Visions of Nature. The Art and Science of Ernst Haeckel. München u. a. 2006.

25 Ernst Haeckel: Die Welträtsel. Gemeinverständliche Studien über monistische Philosophie. Stuttgart 1984, S. 13.

26 Haeckel: Die Welträtsel (Anm. 25), S. 26.

27 Ernst Haeckel: Natürliche Schöpfungsgeschichte. Gemeinverständliche wissenschaftliche Vorträge über die Entwickelungslehre im allgemeinen und diejenige von Darwin, Goethe und Lamarck im besonderen. 11. Aufl. Berlin 1911, S. 273 f.

28 Vgl. Philipp Sarasin: Darwin und Foucault. Genealogie und Geschichte im Zeitalter der Biologie. Frankfurt a. M. 2009.

29 Lutz Danneberg: Epistemische Situationen, kognitive Asymmetrien und kontrafaktische Imaginationen, in: Lutz Raphael, Heinz-Elmar Tenorth (Hg.): Ideen als gesellschaftliche Gestaltungskraft im Europa der Neuzeit. München 2006, S. 193–221.

V. «Hiersein ist herrlich»:
Vitalistischer Optimismus

1 Walt Whitman: Einen Traum träumte ich, in: ders.: Grashalme. In Auswahl übertr. v. Johannes Schlaf. Stuttgart 1968, S. 130.

2 Das Zitat entstammt Barack Obamas Rede auf dem Parteitag der Demokraten im Jahr 2004 (27. 7. 2004).

3 Cornel West: Afterword, in: Cornel West. A Critical Reader. Hg. v. George Yancy. Malden (Mass.) 2001, S. 346–362, hier S. 348.

4 Susan Neiman: Moral Clarity. A Guide for Grown-Up Idealists. Orlando (Fla.) 2008, S. 277.

5 Für den weiteren Kontext siehe Frederick William Conner: Cosmic Optimism. A Study of the Interpretation of Evolution by American Poets from Emerson to Robinson. New York 1973; Everett Carter: The American Idea. The Literary Response to American Optimism. Chapel Hill 1977.

6 Siehe z. B. Henry B. Parkes: Emerson [1941], in: Emerson. A Critical Collection of Essays. Hg. v. Milton R. Konvitz, Stephen E. Whicher. Englewood Cliffs (N.J.) 1962, S. 121–135.

7 Ralph Waldo Emerson: Die Über-Seele, in: ders.: Essays. Erste Reihe. Übertr. und hg. v. Harald Kiczka. Zürich 1983, S. 207–230, hier S. 218.

8 Emerson: Die Über-Seele (Anm. 7), S. 223.

9 Emerson: Die Über-Seele (Anm. 7), S. 230.

10 Emerson: Montaigne oder der Skeptiker, in: ders., Repräsentanten der Menschheit. Sieben Essays. Übers. v. Karl Federn. Zürich 1989, S. 107–135, hier S. 116.

11 Abraham C. Keller: Optimism in the Essays of Montaigne, in: Studies in Philology 54 (1957), S. 408–428.

12 Emerson: Geschichte, in: ders.: Essays (Anm. 7), S. 9–37, hier S. 14 f.

13 Emerson: Eigenständigkeit, in: ders.: Essays (Anm. 7), S. 39–73, hier S. 49.

14 Whitman: Einem Historiker, in: ders.: Grashalme (Anm. 1), S. 5 f., hier S. 6.

15 Whitman: Leb Wohl!, in: ders.: Grashalme (Anm. 1), S. 150–154, hier S. 150.

16 Whitman: Gesang an mich selbst, in: ders.: Grashalme (Anm. 1), S. 32–100, hier S. 54.

17 Whitman: Gesang an mich selbst (Anm. 1), S. 32.

18 Whitman: Song of the Universal, in: ders.: Leaves of Grass. Hg. v. Jerome Loving. Oxford 1990, S. 181–183, hier S. 183.

19 Whitman: Ich höre den Gesang Amerikas, in: ders.: Grashalme (Anm. 1), S. 14.

20 Peter Viereck: The Crack-Up of American Optimism. Vachel Lindsay, the Dante of the Fundamentalists, in: Modern Age 4 (1960), S. 269–284.

21 Heinrich Detering: Bob Dylan. Stuttgart 2007, S. 43, passim.

22 Henri Bergson: Schöpferische Entwicklung [1907]. Übers. v. Gertrud Kantorowicz, in: Nobelpreis für Literatur 1927. Zürich [o.J.], S. 39–336, hier S. 147.

23 Henri Bergson: Bewusstsein und Leben. Vortrag zum Andenken an Huxley gehalten an der Universität Birmigham am 29. Mai 1911, in: ders.: Die seelische Energie. Aufsätze und Vorträge. Übers. v. Eugen Lerch. Jena 1928, S. 2–26, hier S. 12.

24 Bergson: Bewusstsein und Leben (Anm. 23), S. 23.

25 Bergson: Schöpferische Entwicklung (Anm. 22), S. 162.

26 Bergson: Bewusstsein und Leben (Anm. 23), S. 25.

27 Bergson: Bewusstsein und Leben (Anm. 23), S. 24.

28 Bergson: Schöpferische Entwicklung (Anm. 22), S. 47.

29 Bergson: Schöpferische Entwicklung (Anm. 22), S. 357.

30 Henri Bergson: Die beiden Quellen der Moral [1932]. Übers. v. Eugen Lerch. Jena 1933 (Nachdruck Olten 1980), S. 33 f.

31 Bergson: Die beiden Quellen der Moral (Anm. 30), S. 317.

32 Verf.: Poetiken. Poetologische Lyrik, Poetik und Ästhetik von Novalis bis Rilke. Berlin, New York 2004, S. 333–397; dies.: Lesen, poetisches Lesen und poetischer Text. Rainer Maria Rilkes Auseinandersetzung mit Oswald Spenglers «Untergang des Abendlandes» (I, 1918), in: Internationales Archiv für Sozialgeschichte der deutschen Literatur 30/1 (2005), S. 188–213.

33 Alfred Schuler: Fragmente und Vorträge aus dem Nachlaß. Mit einer Einführung von Ludwig Klages. Leipzig 1940, S. 168–172.

VI. Wie böse ist der Optimismus?
Kritik des Optimismus

1 Alfred Rosenberg: Der Mythus des 20. Jahrhunderts. Eine Wertung der seelisch-geistigen Gestaltenkämpfe unserer Zeit. München 1934, S. 139–

141; Ernst Piper: Alfred Rosenberg. Hitlers Chefideologe. München 2007.

2 Rüdiger Graf: Die Zukunft der Weimarer Republik. Krisen und Zukunftsaneignungen in Deutschland 1918–1933. München 2008 (Ordnungssysteme. Studien zur Ideengeschichte der Neuzeit, Bd. 24), S. 132.

3 Clemens Albrecht u. a.: Die intellektuelle Gründung der Bundesrepublik. Eine Wirkungsgeschichte der Frankfurter Schule. Frankfurt a. M. 2000.

4 Thomas E. Schmidt: Dialektik der Aufklärung. Zu einer Grundschrift des kulturkritischen Ressentiment, in: Merkur 58/665, 666 (2004), S. 745–753.

5 Max Horkheimer, Theodor W. Adorno: Dialektik der Aufklärung. Philosophische Fragmente. Frankfurt a. M. 1988, S. 9.

6 Hartmut Lehmann: Migration und Religion im Zeitalter der Globalisierung. Göttingen 2005; ders.: Säkularisierung: ein europäischer Sonderweg in Sachen Religion. 2., erw. Aufl. Göttingen 2007; ders.: Die Entzauberung der Welt. Studien zu Themen von Max Weber. Göttingen 2009.

7 Theodor W. Adorno: «Monade», in: Minima Moralia. Reflexionen aus dem beschädigten Leben. Berlin, Frankfurt a. M. 1951, S. 279–284.

8 Horkheimer / Adorno (wie Anm. 5), S. 5.

9 Winfried Schröder: Moralischer Nihilismus. Radikale Moralkritik von den Sophisten bis Nietzsche. Stuttgart 2005, S. 137–168.

10 Karl Popper: Die offene Gesellschaft und ihre Feinde. Bd. II: Falsche Propheten. Hegel, Marx und die Folgen. Übers. v. Paul Feyerabend. München 1958, S. 347.

11 Karl Popper: The Open Society and its Enemies. Bd. I: The Spell of Plato. Oxford, New York 2003, Bd. I, S. xviii.

12 Richard Vernon: The Great Society and the Open Society. Liberalism in Hayek and Popper, in: Canadian Journal of Political Science 9/2 (1976), S. 261–276.

13 John Ranelagh: Thatcher's People. An Insider's Account of the Politics, the Power, and the Personalities. London 1991.

14 Friedrich August Hayek: Der Weg zur Knechtschaft. München 2003, S. 44.

15 Hayek: Der Weg zur Knechtschaft (Anm. 14), S. 41.

16 Friedrich August Hayek: Die Verfassung der Freiheit. 3. Aufl. Tübingen 1991, S. 113.

17 Ludwig Erhard: Wohlstand für alle. Bearb. von Wolfram Langer. Düsseldorf 1957, S. 256–264.

VII. Schluss:
Damit es allen besser geht.
Verantwortungsvoller Optimismus

1 Odo Marquard: Die Krise des Optimismus und die Geburt der Geschichtsphilosophie [2005], in: ders.: Skepsis in der Moderne. Philosophische Studien. Stuttgart 2007, S. 93–108, hier S. 108.

2 Odo Marquard: Homo compensator. Zur anthropologischen Karriere eines metaphysischen Begriffs [1981], in: ders.: Philosophie des Stattdessen. Stuttgart 2000, S. 11–29.

3 Christopher Peterson, Martin E. P. Seligman: Character Strengths and Virtues. A Handbook and Classification. Oxford 2004.

4 Mihaly Csikszentmihalyi: Das Flow-Erlebnis. Jenseits von Angst und Langeweile im Tun aufgehen. 10. Aufl. Stuttgart 2008.

5 Mara Delius: Die Theorie der Glückseligkeit. Kalifornische Wissenschaftler machen die Emotionsforschung zur Glücksforschung und glauben, die Quelle der Glückseligkeit gefunden zu haben, in: Frankfurter Allgemeine Sonntagszeitung, 14. 12. 2008, Nr. 50, S. 76.

6 James H. Fowler, Nicholas A. Christakis: Dynamic Spread of Happiness in a Large Social Network. Longitudinal Analysis over 20 Years in the Framingheam Heart Study, in: British Medical Journal 2008; 337: a2338.

7 Michael Hampe: Die Macht des Zufalls. Vom Umgang mit dem Risiko. Berlin 2006.

8 Dieter Thomä: Vom Glück in der Moderne. Frankfurt a. M. 2003.

9 Dolf Sternberger: Bemerkungen zu Ernst Blochs «Prinzip Hoffnung» (1960), in: ders.: Gang zwischen Meistern. Frankfurt a. M. 1987, S. 241–258, hier S. 255–258.

10 Andreas Urs Sommer: Die Kunst des Zweifelns. Anleitung zum skeptischen Denken. München 2005.

11 «Yhprum» ist ein Anagramm von «Murphy».

12 Christian Berg, Manuel Hartung: Welt retten für Einsteiger. 30 Gründe für ein gutes Gewissen. München 2007.

13 Kwame Anthony Appiah: Der Kosmopolit. Philosophie des Weltbürgertums. Übers. v. Michael Bischoff. München 2007.

14 Samuel Beckett: Worstward Ho / Aufs Schlimmste. Aus dem Engl.
v. Erika Tophoven-Schöningh. 2. Aufl. Frankfurt a. M. 1990, S. 7.

Namenregister